陈元光

（657—711）

福建历史文化名人丛书
福建省社会科学界联合会 编

陳元光

开漳圣王　漳台圣宗

汤毓贤　编著

海峡出版发行集团 THE STRAITS PUBLISHING & DISTRIBUTING GROUP | 福建人民出版社 FUJIAN PEOPLE'S PUBLISHING HOUSE

图书在版编目（CIP）数据

陈元光：开漳圣王　漳台圣宗 / 汤毓贤编著. --福州：福建人民出版社，2019.10（2020.11重印）
（福建历史文化名人丛书）
ISBN 978-7-211-08184-4

Ⅰ.①陈…　Ⅱ.①汤…　Ⅲ.①陈元光（657-711）—生平事迹　Ⅳ.①K827=421

中国版本图书馆CIP数据核字（2019）第204758号

陈元光
CHENYUANGUANG
——开漳圣王　漳台圣宗

作　　者： 汤毓贤
责任编辑： 陈　宽
出版发行： 福建人民出版社　　**电　　话：** 0591-87604366(发行部)
网　　址： http://www.fjpph.com　　**电子邮箱：** fjpph7211@126.com
地　　址： 福州市东水路76号　　**邮　　编：** 350001
经　　销： 福建新华发行（集团）有限责任公司
印　　刷： 福建省金盾彩色印刷有限公司
地　　址： 福州市金山浦上工业区D区24幢
开　　本： 700毫米×1000毫米　1/16
印　　张： 8
字　　数： 88千字
版　　次： 2019年10月第1版　　2020年11月第2次印刷
书　　号： ISBN 978-7-211-08184-4
定　　价： 25.00元

总 序

李 红

社会科学承载着“认识世界、传承文明、创新理论、咨政育人、服务社会”的重要功能，是人类赖以传承的精神支柱。近年来，福建省各级各部门认真贯彻《福建省社会科学普及条例》，社会科学普及工作扎实开展、稳步推进，通过举办全省社科普及宣传周、建立社科普及基地、开办社科普及讲坛等社科普及咨询平台载体，其制度化、常态化、大众化工作取得了明显成效。

习近平总书记指出，文化是民族生存和发展的重要力量，中华优秀传统文化已经成为中华民族的基因，植根在中国人内心，潜移默化地影响着中国人的思维方式和行为方式。福建文化是中华文化中极富特色的一部分，深度融入了中国文化的进程，展现出突破陈规、积极进取、兼容并包、锐意创新的胸襟和气魄。向大众传播福建优秀的历史文化知识，是福建省社科普及工作的重要内容。以接福建地气、讲福建故事、塑福建形象、续福建文脉的姿态编辑出版的“福建历史文化名人丛书”，既较为全面地展示了福建文化深厚的历史底蕴和丰富的人文精神，也为福建当下的社会文化建设提供了有益的资鉴。“福建历史文化名人丛书”所包含的朱熹、林则徐、严复、陈嘉庚等人物传记，记录了福建

文化之于中国历史的影响，同时也以人物史的叙述方式生动地展现出中国人文精神的风骨和传统文化的传承。

今天，我们提倡和弘扬社会主义核心价值观，必须从中华优秀传统文化中汲取丰富营养，否则就会缺乏生命力和影响力。“福建历史文化名人丛书”记录了福建历史文化人物的价值观践行轨迹，重温了这批福建历史文化乃至中国历史文化史上重要人物的生命历程，以浅显晓畅、通俗易懂的叙述方式讲述了中华优秀传统文化传承的当代意义，开辟了社会科学知识进入千家万户的新路子。

“最忆市桥灯火静，巷南巷北读书声。”一套好的社会科学普及丛书，总是能带动起读书的风气。将学习作为一种追求、爱好和健康的生活方式，也是“福建历史文化名人丛书”所期望实现的目标。在文字中领略福建地域文化魅力，在阅读中传承传统文化养分，在感悟中提升人文道德情操，社会科学普及丛书的出版，可谓正当其时。

（作者系福建省人民政府原副省长，福建省政协原副主席）

目 录

前 言

远征奋蹄震大地，疾风长旌扬。

将军洒血酬壮志，英名起盛唐。

拓疆启土兴文化，荒榛改江山。

豪情万丈上云霄，绥安成名邦。

圣王功勋垂青史，威惠泽两岸。

开漳祖地新家园，乐土谱华章。

中华民族几千年的文明史，就是一部大迁徙、大融合、由纷乱走向和谐的发展史。1986年12月8日，国务院公布漳州为国家第二批历史文化名城，正好距州治建置1300周年。读者们也许很难想象，漳州作为闽南文化重要发祥地，实际上拜唐代皇后武则天主政时颁诏所赐。漳州的创建者是随父陈政率中原王师举族南来靖乱戍边，进而化蛮荒之地为海滨邹鲁，完成从单纯军事管制转化为地方行政管理的历史名人陈元光。

陈元光少时随父征战闽南粤东，平定边陲啸乱，移植中原文明，实行民族和融；唐垂拱二年（686年）十二月九日奏设漳州，实现南疆长治久安。正是由于启土开漳之功勋，陈元光实现从人到神的文化嬗变，成为我国闽、浙、粤、台和东南亚国家漳籍华人社区广受供奉的大唐将军，号称“开漳圣王”“漳台圣宗”。千百年来，他的故事广为流传，金身高居庙堂，威望直达人心，纪念方式林林总总。直到今天，台湾地区祭祀宫庙遍及全岛。尽管陈将军世人称颂，却不见新旧《唐书》立传褒扬。然而，他开创闽漳的勋业，凭口碑就得以永垂后世，称为彪炳千古的英雄人物亦当之无愧。本书所讲述的，就是以陈元光为代表的开漳将士秉承儒家文化精髓，以报效国家、维护社会安定和开发东南边陲为己任，在忠君、爱国和惠民旗帜下，为山河一统、边疆永宁而前赴后继，在戍土卫国生命征程中立下卓著功勋的开漳故事。让我们穿越时空隧道，一起追溯圣王开漳的历史脚步，探访当年金戈铁马、筚路蓝缕的艰辛岁月吧……

入闽
八十七姓

第一章

云山边邑　中原望族

历朝中原战乱，南迁汉人进入闽粤边陲山越人领地，对生存空间的竞争引发了尖锐的民族矛盾。酋首啸聚山林侵害民生，阻隔商路，成为闽地之患。屯居光州的开国将门之后陈元光，随军走上安边定国、建功南疆的道路。

唐高宗显庆二年（657年）农历二月十六日子时，随着一声清脆的啼哭声，中原将相世家河南光州陈政府上有一男婴呱呱坠地，全家人欢腾不已。左郎将陈政42岁喜得贵子，颇有福运临门之慨。后来，他见儿子风姿卓异，于是取名元光、起字廷炬，寓意点燃火把，可以昭明，光明炫耀，成为国之栋梁。

天性聪颖的陈元光，自幼受忠君报国家风的熏陶而志向高远。他从小就在祖母魏敬的教导下博通经史，养成过目不忘的能力。他年少时就已英姿魁梧，英俊脸庞上的剑眉凤眼，展露出威武勇智、刚强猛毅和气宇轩昂的殊姿异表。长大后自号龙湖，举止豪爽，工于诗书，喜阅兵书并好骑射，尤喜钻研周初太公望黄石公《六韬》《三略》，以及军事家李靖兵法著作《唐太宗李卫公问对》。他从兵书要义和精髓中汲取养分，时而习骑射，学兵法，练枪剑，甚至自著《兵法射诀》。总章二年（669年），年满13岁的陈元光参加光州乡试并拔得头筹，很快又应朝廷科举，考中贡士，成为文武双全之才。经多年军营习武环境历练，他养成以国家为重、一身正气的军人秉性，身上兼具中国传统武将的英武和文人的儒雅。同年，闽粤边陲爆发“蛮獠啸乱”，民众深陷水火，唐廷迅即调兵选将入闽平乱。这场南方战事，将陈元光推上随军远征、建功南疆的风口浪尖。

边陲动荡

傍海皆荒服，分符重汉臣。

云山百越路，市井十洲人。

执玉来朝远，还珠入贡频。

连年不见雪，到处即行春。

这是初唐洛阳诗人张循之的惜别诗《吟送李使君赴任泉州》。他将印象中的泉州（今福州）融入带有感伤情怀的饯别诗句，劝勉南行履新的好友李使君：此地山高海僻，路途漫漫，望善自珍摄，有所建树！这是远离中原政治中心、僻荒海陬的闽粤泉潮边陲，长期处于封闭落后的蛮荒地带。从汉武帝开始，为了提防山越人“叛服无常”，他北迁东瓯、闽越人于江淮之间。东汉末年后近300年，除了司马迁称闽地“限以高山，人迹所绝，车道不通，天地所以隔外内也”外，这里几乎处于历史文献记载的空白地带。中央王朝也并没有采取笼络少数民族的羁縻政策，而是直接委任汉族郡长担任地方官员，以处理地方关系，维系中央集权统治。

民谣曰：“山高皇帝远，民少瘴疠多。”泉潮之交的广袤地区交通闭塞，环境恶劣。时有因战乱南徙流亡而来的北方汉族士民，与世居于此的百越支系蜒、獽、俚、獠等俗称“南蛮”族群杂处，共同构成闽南居民，只有12420户人口。山越人性情悍鸷、言语特异、擅长射猎，一般就山洞而居，有图腾崇拜和“不税不役”等特征。由于历代王朝统治薄弱，又距领属州郡遥远，闽南、粤东成为两州不管之地。这一与世隔绝的地带，被许多典籍形容为地旷民稀、寇乱频生、尽是“瘴疠”之区的荒疆；皇帝诏书则称“绝域”。中央政令在这居民星散寥落、炎荒闭塞的数千里山区难以贯彻实施。

在这里，汉族与少数民族间经常为争夺山林土地、水利资源与生存领地发生冲突，造成乱象频现的民族矛盾和社会动荡。山越人面对恶劣的生存环境与加剧的竞争压力，日益焦躁不安，越来越倾向于用暴力手段处理矛盾，形成“凶顽杂处”的强悍性格。而历朝政权分合更迭和地方官吏的暴政，更令他们无所适从并憎恶于心，民变事件此起彼伏，民族矛盾日益尖锐。中央政权派驻九龙江守成部队势单力薄，鞭长莫及，闽地成为中央政权之患。

云山古绥安县地属岭南道辖，高岭盘陀，属闽粤滨海交通要地。因位于广州港与泉州港（今福州）之间，在东西交通和开放环境影响下，形成市镇萌芽。商肆既有各色人等集中边贸，又有外商循着绥安溪上岸交易，形成以“市井十洲人”为特征的番商市集，即边邑重镇安仁。这种闲散无序的边贸商品交易，既是社会经济发展满足家庭之外的生活盈余，也是东西物资传输互动、各取所需的必然结果。但汉人于此垦屯，或番商来这经商，常遭到山越武装劫掠或杀害，社会秩序动荡。

蛮獠啸乱

唐朝以前，闽泉、粤潮之间少数民族“居山寂处，自安化外”，与滨江平原地区的汉族居民相安无事。但随着一支族群从潮州凤凰山北徙，闽南原野人口剧增，开始与定居农事的汉人发生冲突。闽南各峒寨山越头领雷万兴、蓝奉高，苗酋苗自成“三雄”，族群势力日渐强大，时而对抗官府并攻城略地，闹得民不聊生。

此时，大唐王朝国防力量主要部署于北方边境，对关中及南方边陲管控相对较弱。西北突厥、东北高句丽叛乱平息不久，高宗总章二年（669年），东南边境泉州（今福州）、潮州之交蛮荒地带，忽有少数民族借机生衅，聚啸生乱，随后结成蛮酋联军进行武装反叛。日渐庞大的割据势力震动朝野，动荡愈演愈烈。战火席卷下的闽南大地愁云惨淡，百姓深陷战乱而流离失所，几成人间地狱，所以称“蛮獠啸乱”。

从政治上看，唐王朝对泉潮大片区域缺乏有效管理。一般地方行政机构的设置，应根据社会经济发展状况逐步增多。但自隋代至初唐，闽南行政机构设置不增反减，边陲地带更是形同虚设。如隋开皇十二年（592年），绥安、兰水两县并入龙溪，名义上三个县合并，实则只保留龙溪县。初唐福建只设泉州（治所今福州）、丰州（今泉州南安）、建州（今建瓯）三个州，龙溪县地属丰州。贞观初废丰州入泉州，意味着设于今天福州的治所要统辖闽中、闽南、闽西广阔地域。嗣圣元年（684年），析泉州南安、莆田、龙溪三个县置武荣州，管辖处于半开发状态的闽南。但有效管理区域实际只到九龙江北溪以东，以西和以南为蛮酋势力所据。闽地州县变换无常，衙署人员不断更动，也影响持续有效的管理。而“蛮獠”族群总以为享有“先祖有功，常免徭役”特权，可以对地方汉族政权不徭不役，不用受其统治约束。

从经济上看，区域经济发展整体滞后，汉族与少数民族之间存在反差。秦汉后，华夏汉人陆续南徙，特别是两晋与南北朝时期，随着永嘉之乱、卢循入闽和侯景之乱，中原汉人移居闽南的越来越多。他们带来先进农业技术和生产设备，占据沿海平原地区及人口相对密集的城邑附近，发展农业、养殖业和手工业，过着较稳定的定居生活。长期跟汉人杂居，并受汉文化影响的少

华安仙字潭岩画

数民族，虽然也掌握一定的农业、手工业技能，但多数人习惯于深山河泽、游猎采集和刀耕火种的生活。生产力水平不同，势必产生贫富差距。这样，物质生产力水平低下的少数民族，要面对拥有生产资源并不断扩张的汉人，自然会感到生存威胁。

从文化上看，双方的社会文明程度存在较大反差。南迁汉人受过中原文化熏陶和影响，尤其东晋以后大批衣冠士族和入闽为官者进入闽南，重视文化教育，遵从伦理纲常，遵守地方法律，社会文明素质较高。少数民族尽管长期与汉人杂居，或多或少受汉文化影响，但多数仍属“化外之民”。他们虽有共同的图腾信仰和民族语言，却未能形成本民族文字，也极少人懂得汉文。当汉人进入其固有领地并影响其生存环境时，势必发生利益冲突。

由此可见，爆发于泉潮间的“蛮獠啸乱”，一是汉人迁入并打破少数民族原有单一劳动的生存状态，二是唐政权对地区管辖不力，三是汉族与少数民族之间生产力发展水平、社会文明程度存在明显差距，四是遭隋文帝杨坚灭国的陈朝后人陈谦蛊惑、煽动和利用的结果。

功勋宗族

陈元光出生于唐室开朝元勋世家。祖母魏敬（599—691）又名箴，字玉珏，隋中书魏潜之女，河南汝宁人，后世称魏妈。她自幼修文习武，尤善骑射，集聪慧刚毅、文韬武略于一身。这位富有才艺的奇女子，方二八妙龄即被“小王子”陈克耕迎娶，随夫戎马倥偬，协助整顿军队，研演阵法和训练士卒。后来因父亲遭隋炀帝杀害，又亲见隋政不可救药，遂力劝夫君识大势、明大义和择明主。

魏敬的丈夫陈克耕（598—649）名犊，又名可耕，号介翁，河东人（今山西运城一带）。其曾祖父汝宁王陈霸汉，是南朝陈国武帝陈霸先胞弟，上祖原来是融入中土并取汉姓为陈的鲜卑人。陈亡隋兴之际，陈克耕之父陈果仁（字育德，号月溪）隐居于大别山北端余脉河南光州浮光山南。在纷繁乱世中，陈果仁不从隋炀帝诏令，曾拖延出任司徒镇守嘉兴。后在平定浙江乱局时阵亡，州人立“隋司徒庙”祀之。

陈克耕少年随父从军并善战建功，父亲阵亡后承袭父职，初任隋义安郡丞，不久奉调驻守山西临汾，率兵众就地休整，“克己自持，躬耕而食”。他组织训练勇壮维持治安，使陈家军声名远扬。隋末天下群雄并起，浙江、江苏反隋起义军首领卫逖、沈勇、李义筹划推举陈克耕为盟主，争夺天下。魏敬洞察时势，认为天下混乱，妄动干戈将致黎民受苦。不到一年，唐公李渊起兵。其子秦王李世民率军攻克河西，进攻临汾，隋廷江河日下。

魏敬果断地劝勉夫君归辅唐王，协助平定乱世，让百姓早日安享升平之福。陈克耕亲率精兵5万易帜归顺，投入唐室阵营，辅助李渊、李世民转战南北，攻上党，克临汾，在河北、山西留下百战沙场足迹，成为大唐开国勋将。

武德元年（618年），李渊称帝。为表彰陈克耕辅唐平定乱世之功，特赐绣旗“开国元勋”，册封他为左玉钤卫翊府中郎将，专授怀化大将军，正三品上功爵名号；夫人魏敬因称开国元勋夫人。长子陈敏（字一时）承袭父职，任中郎将怀化将军；次子陈敷（字一贯）为右郎将云麾将军；三子陈政（字一民，号素轩，又号中庸）为左郎将归德将军，都是享有从三品、隶于诸卫的府兵武散宫阶。魏敬辅弼夫君功成名就，延续了家族忠君爱国亲民的荣耀。

唐朝建国后，排斥隋朝降将和少数民族归附首领，连开国将领亦不例外。兵权在握、功高震主的

府兵制是魏晋至隋唐的一种兵役制度，在籍军人平时为民，战时为兵，是兵农合一的后备军种。其初衷是解决三国、南北朝以来军队成为将领私产的弊端，以防范地方割据势力蔓延，并结合屯田制发展农业生产，减轻国家军费开支，等同于屯垦地方的预备役农民。府兵指挥权在朝廷，战时经皇帝任命，可从各府调遣出征。

陈克耕既有鲜卑血统，又是隋朝降将，正是“马放南山，刀枪入库”，明哲保身、功成身退的时候。经太宗恩准，陈氏家族从河东徙移到淮南道辖光州地。原先于山西上党一带招募的旧部，以及后来募集的兵员也一并入籍。他们置耕田于光州固始陈集乡屯垦自供，建宅第于古弋阳郡城（即今潢川南城）居家生息，遂成光州人。此时，丈夫功勋卓著、子嗣官袍加身、府上儿孙孝顺、天伦美满的魏敬坐享一生最幸福的时光。

陈克耕所属将士，作为府兵编制在册，执行将兵分置、适度散居的军屯式管理模式。平时以务农为本职，备战时听从号令调遣归队。魏敬屯居光州后，一面剿灭山匪，训练士卒，安定地方；一面制造战船，培育战马，积蓄军需；一面把将军署公廨田租佃给兵户耕种，借以储备粮草，以备不时之需。她还组织乡亲发展生产，推广农技，使百姓衣食无忧。她在培养子孙方面，更是持家有方。经她悉心调教，各房孙儿孝敬尊长，聪敏好学，立志成才，陆续成长为少年学子。爱孙陈元光修文习武，聪慧刚毅，才华初显，具有文韬武略的潜质，令她备感欣慰。贞观二十三年（649年）五月，陈克耕病殁，终年52岁，谥威顺，赐葬于浮光山之麓。

正当陈府阖族安享太平之际，被隋文帝杨坚灭国后避祸于广东的陈朝宗室深藏不臣之心。碉州人（今雷州湾地区）陈谦妄图东山再起，跟唐王朝分庭抗礼。他煽动山越头领苗自成、雷万兴、蓝奉高啸聚山林，杀人越货，阻截商路，侵害民生。“蛮獠啸乱”的爆发，使原本儿孙绕膝的陈元光祖母魏敬，被推上率军举族南援、安边定国的征程。

第二章

少负奇志 随父南征

奉唐高宗诏令，陈元光随父亲陈政率中原府兵入闽粤平乱。开始时，由于寡不敌众，被困于九龙山上。朝廷又派遣陈氏家族的第二批府兵作为援军前来。最终，陈家军通过强攻和智取进屯故绥安县地，于云山安仁乡开屯建堡，基本平定闽南。

陈政遵旨

唐太宗统一全国后，称闽粤地方割据势力“遗孽未殄”。但唐朝重兵经略北境，部署南疆的兵力相对弱小，驻戍泉州（今福州）龙溪县九龙江沿岸只有一镇不过300人。“蛮獠啸乱”前，镇府曾溥带领唐军据守九龙江东岸南线区域，后因兵少势单难以图远，只得收缩到九龙江北溪东岸，固守柳营江与叛军对峙，根本无力主动出击。

面对攻城掠地的啸乱和民不聊生的边地，曾溥觉得事态严峻，立刻前往泉州谒见刺史曹炳亨，商量对策。众官觉得这次危局事关地方生存，凭借薄弱的州兵配备，根本无力抗衡日渐炽盛的蛮獠势力，只有请求朝廷派兵平镇。商议再三，决定一面加强防备，一面火速上疏朝廷。而广东方面，粤东潮州海阳县也形势危急，寇患屡屡发生，民心浮动不安。尤其境内凤凰山是叛军首领之一雷万兴的老巢，战线连境闽南，潮州守将尚且自身难保，更无力与泉州辖区联络呼应，共同消弭寇患。潮州刺史常怀德接到啸乱军情，也急得像热锅上的蚂蚁，紧急奏请朝廷调兵遣将，以保大唐边陲安宁。

总章二年（669年）元月下旬，在北方边境战事频仍之际，唐高宗李治接到泉州、潮州刺史驰奏的表章。当他闻悉“泉潮间蛮獠啸乱，民苦之，佥乞镇帅有威望者以靖边方”时，不禁心中暗暗叫苦。东北边境与高句丽交战的硝烟逐渐散去，但仍为重兵屯守的紧张时期；西北边境接连受挫于擅长骑射的吐蕃军队，正须遣将调兵严防死守。皇都长安距绥安绵亘数千里，沿途崇山峻岭、幽谷深壑，交通极为不便。缘何这一直寂静无声、地处僻远的东南边境，偏偏这时传来紧急军情？朝中大将都赴东北、西北御敌征战，能担当南下平乱大任者确实寥寥无几。

与其父李世民相比，李治虽然生性优柔寡断，但他即位后勤于政事，颇有作为，“百姓阜安，有贞观之遗风”。只是到显庆五年（660年）以后经常头晕目眩，难以操持政务。朝政才由皇后武则天插手代劳，并逐步形成政权转移趋势。面对严峻的北部边境形势，以及突发的东南边陲乱局，武氏也陷入惶惑和困扰之中。

李治紧急召集文武大臣议事。听到是去那儿平乱，众官员面面相觑，无人应答。一些大臣心中不由得倒吸一口凉气——这不是流放高官的岭南吗？几年前太宗驸马、秘书监长孙冲不正命丧龙溪县南，草葬云山东垅塘么？高宗与黄门侍郎裴炎、礼部尚书许敬宗、吏部侍郎裴行俭等重臣讨论多日，觉得此次军事行动，应该将平定闽粤边陲叛乱跟开发这片弱管地带相结合，以解决中央政令长期横遭梗阻的问题，进而有效地管控东南边疆。既然有双重任务，挂帅人选必须是得力并确保能长期驻扎的将领。

归德将军陈政画像，林少丹绘

在李治为此事烦恼的时候，裴炎灵机一动，不禁想到一个移屯河南光州多年、几被淡忘的开国元勋陈氏家族，陈克耕不就曾承袭父职初任前隋岭南义安郡丞吗？是的，他从义安郡丞任内奉调山西驻守，后在高祖、太宗麾下攻克临汾等郡，功赠开国元勋、左玉钤卫翊府中郎将、怀化大将军；三个儿子长期随父征战，为创建大唐功封郎将。而最小的陈政现年55岁，其勇谋应堪当此任。裴炎奏道："玉钤卫翊府左郎将、归德将军陈政出身将侯世家，果敢有谋，文韬武略，英勇善战，实乃平镇蛮獠最佳人选。可令他从固始出征，定可平定乱源！"高宗准奏，随即签下诏书，命陈政为朝议大夫、岭南行军总管，挂印授命前往靖乱，同时诏令将士作长期戍守准备。这封诏书制于总章二年三月十五日，全文如下：

> 泉潮据闽广之交，岭南为獠蛮之薮。玉钤卫翊府左郎将、归德将军陈政，谋猷克慎，其进尔朝议大夫，统岭南行军总管事，批新铸印符，率府兵三千六百名，将士自副将许天正以下一百二十三员，从其号令。前往七闽百粤交界绥安地方，相视山原，开屯建堡。靖寇患于炎荒，奠皇恩于绝域。筮辰佥吉，明发斯征。莫辞病，病则朕医；莫辞死，死则朕埋。斯誓斯言，爰及苗裔。尔往钦哉！

全文大意是：泉州、潮州地处福建和广东交界，岭南一带是野蛮部落聚集的地方。玉钤卫翊府左郎将、归德将军陈政处事刚毅果断而有作为，谋划策略能谨慎持重。现提升你为朝议大夫，担任福建、广东一带征讨蛮獠的最高军事长官，批给新铸的兵符印信，让你率领3600名府兵，以及副将许天正以下123员将领听从号令。前往福建、广东交界原绥安县地，视察山陵原野，开垦荒地，修建城堡，平定啸乱；在炎热荒远的南方奠定皇家恩德。现已选定吉祥日期，来日即可踏上征程。别担心生病，病了由朕医治；别担心战死，死了由朕安葬！记住告诫的话，直到你的后代子孙。出发吧，好自为之！

唐高宗御碑

裴炎接到圣旨，立即赶往光州陈府传诏。待落轿后走进空旷的庭院，见一翩翩少年在两名家仆陪伴下，在老槐树下舞枪练剑，劈砍撩挑刺等动作都一丝不苟，知是将门才俊陈元光。看到黄门侍郎不期而至，陈元光忙收起宝剑施礼，但见他脸色凝重，便不敢张口打招呼，估摸此次来访定有要事。果不其然，在家中养病的陈政接到诏书，并从裴炎亲口传谕中获悉，朝廷允准携带眷属、农夫、工匠及郎中随军。他本想以病推辞，但看到“莫辞病，病则朕医；莫辞死，死则朕埋”的严厉命令，同时预感必须作长期镇抚和开发，一时无言以对。在裴炎的劝谕下，陈政带病接受这一艰巨而危险的任务，并就选将遣兵与他进行初步沟通。陈政深知，南疆战事突如其来，重大危急。此次军事行动并不是一般意义上的平息战乱、根除寇患，更要拓垦荒田，开屯建堡，教化百姓。急于为国分忧、临危受命的陈政已来不及多想，立刻将朝廷来诏禀告母亲魏敬，并传召宣威将军许陶、副将许天正父子来府上议事。

许陶、许天正应召而至，很快与陈政形成共识，即先备足军需粮草和戍边屯田器械，以耕战结合解决给养问题，并就选将募兵、出征路线和府兵编制等进行筹划部署。大家一致决定做好长期作战准备，保卫东南边陲安宁。

元光随征

经朝廷批准，陈政召回屯居光州固始和临淮一带原河东旧部，即时自备军资衣装、轻武器和行粮，组成“陈家军”。时任朝廷文学馆学士的挚友蔡允恭闻知，率二堂侄蔡长眉、蔡彧，以及季子、四子、五子铣、六子钥6人加入戍闽部队。即将随行者，还有原礼部侍郎兼祭酒黄世纪。他因不执行武则天修改宗庙祭祀制度的命令受到排斥，被编入李伯瑶营。副将许天正以下123员将领，也都武艺高强。陈政将3600名府兵分为8个大营，适时颁布军中任命，明确出征目的，强调思想统一、步调一致和能打胜仗。

陈政娶河东鲜卑望族吐万氏（后随汉姓司空）为妻，女儿适军咨祭酒林孔著。直到42岁，才喜得元光一子。陈元光在军营里长大，与年长8岁的许天正属于同辈，因长辈有战友之谊而发展为亲密伙伴。他在祖母魏敬的熏陶和调教下，每天在庭院或军营校场苦练本领，骑马射箭也是必修功课。他能骑在马上射中120步开外的靶心，剑法与刀枪也勤练不辍，甚至能将训练心得写入

《兵法射诀》。

唐军任职授官后，陈元光得知许天正就任副帅，即将随父亲南征，连忙向他打听事情起因。此时，他感到有机会从征报效朝廷，毅然决定弃文从戎，请求伴随父亲南下，以便一路侍奉照顾。由于闽地环境险恶，路途遥远，又须平乱与开发并行，陈政起初不同意儿子的请求，聪明的陈元光转而求助于祖母。魏敬对陈元光十分疼爱，想到孙儿年纪尚轻，不忍心让他军旅受苦。但考虑到军中磨炼有利于孩子成器，便也忍痛应允，支持他的随征要求。她帮陈元光说服陈政，让他加入戍闽平乱队伍。少年陈元光抑制不住内心的喜悦，一句“一从束发离京城，侍父寒暄经万程”，道出了建功报国的心声。

在陈政和部属紧张有序的筹措下，南征府兵备足军需给养及戍边屯田器械，各项准备工作安排妥当。出征之日，军校场旌旗招展，执剑挂帅的陈政登台点将。祭旗誓师后，他辞别魏妈与文武官员，率营将和3个上等折冲府合3600名兵士，以及部分随军眷属踏上万里提兵路，揭开唐军平定闽南、建置漳州的序幕。

兵困九龙

农历四月，正值中原百草芬芳、花红峥嵘之期。陈元光随父率子弟兵组成南征大军，自屯垦地光州固始一路南下。他们从固始东北面陈集乡淮河支流泉河码头下水，舟经三河尖码头顺流而下，入淮河、洪泽湖，从淮安进入邗沟，循邗沟下扬州接京杭大运河，经苏州到杭州运河终点上岸，再沿钱塘江上溯，舟抵

衢州须江县清湖码头

仙霞古关

衢州须江县（今浙江江山）清湖码头。清湖镇是福建仙霞古道上一个重要物资转运站，为钱塘江上游入闽最后一个可通大帆船的码头。长途跋涉的府兵顾不上休整，就循陆路踏上和睦村仙霞古道，复经仙霞岭分水关过浦城进入闽地。现浙江江山市石门镇江郎山，有江南毛氏发祥地清漾毛氏祖宅，就是通往仙霞岭官驿古道入口。仙霞岭隶属江南道衢州信安县古须江，汉武帝为击闽越开辟仙霞古道，后置关隘于岭上。越关南进可直抵泉州（今福州），也是衢州（今衢县）往来建州（今建瓯）的咽喉要地。岭路北起江山，南至浦城100余公里，绵延于仙霞山、武夷山两脉茫茫群山之间。

仙霞山海拔1413米，群峰连绵，危崖深谷，壁绝千层。岭上古木参天，层林接岫，一条石板小路沿着山坳向前延伸，狭缝蜿蜒曲折。攀山古道全长10公里，随山势而辟，共有28曲弯。古道由石爿毛石垒砌，宽的地方三五米，最窄处仅0.8米，仅容一马通行。两山陡壁的隘口建有关城，东西与高山相连，南北有狭道通往，崇峻雄伟，夙称天险，是一条交通要道和商旅之途。峰顶南北4道石砌关门，高近4米，宽不足3米，墙厚5米，极似万里长城中一段。《东舆纪要》载："仙霞天险，仅容一马，至关岭益陡峻。拾级而升，驾阁凌虚。登临奇旷，蹊径回曲，步步皆险。函关剑阁，仿佛可拟，诚天设之雄关也！"险关中间有两道石门，遇警封死石门则插翅难飞，被誉为"入闽咽喉""东南锁钥"，为兵家必争之地。府兵荡平碧水峒后，开始残酷的平定战争。

唐军沿途冒着增高的气温与增多的雨量，在闷热潮湿的天气日夜兼程，赶在南方仲夏五月，即俗称"恶月""毒月"的疫疠流行之前进入福建境内。在陈政出征前，早有朝廷文书送达沿途各地，因此府兵一路得到各地官府鼎力相助。他们经过西阳岭、临江、石坡继续南下，循建瓯平建阳天山峒，过闽清平南平天魔峒，闽侯平福梁峒，不久顺利抵达当时统辖闽中各地的泉州（今福州）。陈政命各部扎营郊外，自己偕许天正诸将拜见泉州刺史曹炳亨。曹刺史率州吏在衙署前迎驾。陈政一边命属下抓紧补充粮草给养，一边初步了解蛮民啸乱的基本情况。

在泉州休整后，府兵迅速开拔，在一路攻克峒寨的血与火战斗中艰难挺进。蛮兵常年在山区狩猎，既熟悉地形，又彪悍异常，往往白天鏖战结束，晚上就夜袭营盘，每次战斗都格外残酷。陈元光于战地感触中，慨然吟咏"诸军喜抵王师所，四顾伤为荆莽垧""寇戎不测纷如雪，甲胄何时不出门""怨女鸾孤来遶枕，征夫马健不离鞍”等诗句，描绘战场惨烈情形。

唐军经福清平蜈蚣峒、仙游平镇山峒，莆田平水晶峒、黄草峒、清峰峒等蛮寨，终于到达温陵（今泉州）北部今莆仙地界古驿站枫亭，此时已是兵困马乏。陈政掂量征战数月，士兵精疲力竭，战马亟待休整，伤员更要治疗。正好此地有上通郡省、下抵岭南的驿站，便下令扎寨枫亭驿，兴建简易营房与住宅，安顿伤员和眷属，进行入闽后的首次休整。

枫亭驿位于枫慈溪下游，建于武德二年（619年），以西汉何氏九仙结枫为亭的传说得名，隶属于兴化县连江里管辖。武德五年（622年），划丰州南安县东北部设莆田县，枫亭东北地属兴化县，西南地属南安县（后属晋江）。由于有枫慈溪在此出海，沿河两岸已有小型墟市商埠，物资充盈。唐军安营后，集市人口骤然增多，市镇规模得到拓展。《仙溪新志》《仙游县志》《连江里志》《枫亭志》称，陈政、陈元光“宅在县城锦屏山之麓、岳陇之南的陈庐园”。现除枫亭陈庐园有威惠灵著王庙、陈政衣冠冢；南平、福清、仙游、莆田、安溪、泉州、龙岩等地，也有陈氏父子庙宇，此为后话。

唐军于枫亭休整一段时间后继续行军南下，沿途逢山开路、遇水搭桥，经清溪（今安溪）、晋江、同安、龙溪，开始进入蛮军势力中心。经过一路扫荡蛮峒，陈政预感到，马上就要接近将对局势产生实质性影响的地界了。果不其然，队伍抵达九龙江北溪下游，只见两岸峻岭对峙，万壑并趋，波涛汹涌。对岸浮烟苍茫，满溪长风，令人触目惊心。面对湍急的水流，陈政感喟道：“即便驾舟渡江，势将进一寸退一尺！”一时兵马受阻于东岸，根本无法摆渡过江。

陈政勘探江流地形后，又让分营将李伯瑶找当地人了解情况，决定将主力转移至上游江面较窄、水流较缓的地段渡江。他让小股兵力与蛮兵对峙，吸引其注意力；暗地里命主力溯江而上，转移到汰内对岸（今华安县沙建汰内）集结。而后结造竹排、木筏乘夜偷渡过江，突袭对岸小股蛮兵。接着乘势迂回向南攻击九龙江下游西岸蛮兵，一举连克数寨。

然而渡江初捷，并没能扭转局势。随着战斗的推进，不利于唐军南进的诸多因素不断地显现出来。一是虽然府兵连克数寨，但大部分蛮兵只是弃寨逃窜，并没有达到打击有生力量的目的。二是虽然主力渡江占据西岸沿江地带，但这隘窄战场又处于山地丛林，对习惯于宽阔战场驰骋拼杀的府兵来说，整体战力得不到有效的发挥；反观世居山林骁勇强悍的蛮兵，不仅熟悉地形和善于攀爬，而且昼伏夜出，非常擅长山地丛林单兵作战或开展小分队游击战。三是蛮兵常年生息于湿热山林，完全适应当地自然环境；而远道而来的府兵易受瘴疠侵袭，无法在短期内适应这种环境。四是唐军渡江后，不能发挥速战速决的战力优势而滞留于此，既要受到出没无常的蛮兵袭击，又给各峒寨兵员留出时间，让他们不断集结，唐军整体兵力处于劣势。蛮酋苗自成、雷万兴纠集近万兵力啸聚于此，凭着险要地形和茂密山林作掩护大举反噬，与远征府兵展开殊死搏斗。

几次交锋中，唐军均不同程度受挫。随着战斗的胶着，双方伤亡日渐增多，而增援蛮兵则不断涌来。由于众寡悬殊和仓促交战，唐军一时无法抵挡。眼见即将陷入四面包围的困境，陈政

只得命部队撤回北溪东岸，并继续北行。唐军抵达龙溪县北部，即今华安县湖林乡与龙岩漳平市交界处，被一座巍峨高山挡住去路。这座山叫九龙山，高1286米，山脉从西北向东南延伸，主峰在仙都与湖林之间，方圆数十里，丛林茂密，山势峻峭，是龙溪北界天然屏障。一场更为惨烈的战斗，正等待着这支已严重减员的唐军，著名的九龙山战役即将打响。

九龙山一带，正是“蛮獠”盘踞的核心区域。十八峒联军在山下摆开阵势，企图凭借数量优势置唐军于死地。这是陈氏父子入闽以来规模最大的一场战斗。战地刀光剑影，短兵相接，一批蛮兵倒下，又一批冲了上来……经过一整天血雨腥风的鏖战，唐军将士严重减员，蛮兵数量剧增。陈政心里明白，此仗是无法继续打下去了。看着高山峻岭、悬崖峭壁的周围，莽莽林海中竟然有一片十分辽阔的腹地。由火山口形成的天然湖泊清澈明丽，静卧于高山之巅。这一易守难攻的天然要隘，极适宜安营扎寨，不正是军队休整、补充给养的有利场所吗？恰至傍晚时分，陈政鸣金收兵，指挥部队以最快速度撤出战场，抢登九龙山，占据山高

九龙山天池

坡陡的有利地势。

陈政在山上扎营筑堡，仍遭到蛮兵重重围困。唐军不习惯南方山林的湿热气候，许多兵士因水土不服而染病不起。队伍受伤病困扰，加上粮草短缺、补给困难，生存受到极大威胁。蛮兵利用地利之便，时而化整为零、藏形晦迹，时而群出滋扰、倾巢来犯，情况对唐军十分不利。为解除危难，陷入困境的陈政决定固守自保，并连夜派出年轻精明的分营将李伯瑶组成突击小分队，向泉州告急。李伯瑶在突围中受伤，仍寻机冲出重围，将文书送抵泉州。刺史曹炳亨急拟奏章，连同陈政告急文书火速呈报朝廷，请求增派援军。

按行军速度、入闽时间和作战行程推算，此时距唐军从固始出发已过7个月时间。陈政凭借高山险道，每天昼夜轮流派沈世纪、卢伯道、戴元理、马仁等分营将把守山口，打退不时进攻或夜袭的蛮兵。所幸九龙山顶地势较平，有天然湖泊，山里又盛产竹笋、野果、野菜和野兔、山狸、鹿等动物。伤员在山上经医士李茹刚采摘草药救治逐渐康复，其余将士、军眷在山上或摘采野果、野菜，或打猎、捕鱼，在

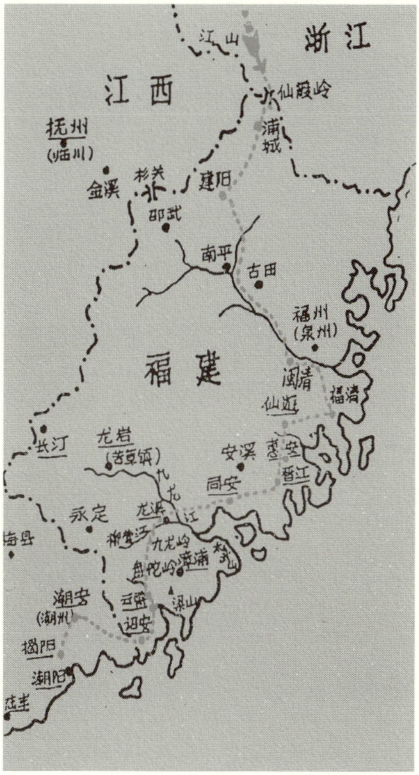

唐军行军路线图

九龙山饱经风霜，含辛茹苦地度过险境四伏的艰难时世。现华安九龙山上有倒插竹、四脚鱼两大奇特生物，据传与陈政兵困九龙有关，是这段军情的写照。陈元光诗作《候夜行师七唱》，也描述了当时与父母和将士们同甘共苦的情境。

援军履险

总章二年（669年）冬，唐高宗李治看过泉州刺史曹炳亨转章上疏的陈政告急文书，再次震撼不已。然而，大唐外患频仍，西北吐蕃正策马攻占安西四镇，大将薛仁贵出兵征伐，其余将领也派戍边关，哪有良将可寻呢？朝议时裴炎已心中有数，还是打起驻垦光州陈府的主意：“打仗亲兄弟嘛！”遂保举中郎将怀化将军陈敏、右郎将云麾将军陈敷，挂帅募兵为兄弟解围。

陈政兵困九龙山的消息传到光州，陈敏、陈敷立即修书裴炎，

羁縻府州又称藩州，是唐朝在疆土受侵扰背景下，安置边陲地区内附少数民族部落，抑或奖掖立过大功的藩酋，以处理边境和民族问题、维持边地稳定而调整设立的防边政策，是一种特殊行政区划自治制度。

急切地恳求朝廷益兵解危并请缨南下。李治及武后考虑到南方战局的长期性和复杂性，可以担负此任的将领，也只有陈敏和陈敷了，遂诏准陈氏兄弟携眷“领军校五十八姓来援”。这样的入闽驰援解困行动，一反征伐时募兵或用府兵临时征行的常态，即“事解则罢，兵散于府，将归于朝”性质，显然是一次根据情况变化聚族而行、兼携眷属的大规模军事移民，系朝廷羁縻政策使然。在岭南一带，早在隋朝就曾设置控制豪族、安抚蛮夷的羁縻州，既可避免因不同民俗文化碰撞引发动荡，又可减轻军事负担和兵革之苦。可见此番增援平乱可能久戍不归，仍夹带政治迁徙的良苦用心。

陈敏、陈敷接到诏书，已是咸亨元年（670年）初。因为军情紧急，立即招募援军，筹备启程。年逾古稀、72岁高龄的魏敬本可在家颐养天年，但洞悉军机、足智多谋的她获悉国家有难、儿孙兵困而坐卧不安。当下另外两个儿子又要上福建前线，她也坚持将田宅托人看管，率全家老幼同行，这便是志书所载的“尽室南来”。如陈元光《候夜行师七唱》吟道：“魏母咸亨奉敕文，府兵云众成营屯。”

同年二月，中原五十八姓府兵5000多人及其军眷在元帅陈敏、副帅陈敷的带领下，从光州固始出发，沿着陈政走过的水陆路线，入淮河，

云霄开漳历史纪念馆魏妈领兵浮雕

清湖码头

转运河，抵浙江，马不停蹄地赶路。

队伍从清湖码头上岸，冒着令军马衣甲皆穿不得的天气赶到仙霞岭。这里崎岖古道荆棘遍布，天险屏障寸步难行。对于此次增援将士来说，无疑是一次履险之途，充满艰辛和危难。援军队伍携带家眷行动困难，加上长途颠簸跋涉中鞍马劳顿、水土不服和邪毒侵体，多数将士疲惫不堪，伤病事故时有发生。同时，瘴气和瘴疠爆发。猖獗的瘟疫正吞噬兵马生命，阻滞着前行路径。老帅陈敏、陈敷感染风寒，患上恶性疟疾。到须江县后，兄弟俩病情加重，相继病殁于征途。在这痛苦危难、军情紧急之时，随军的魏敬深知处变权宜之道。为不动摇军心，避免因滞留治丧而贻误军机，她强忍失子之痛，临时挂帅，含泪代替儿子继续挥师南下。在府兵队正方子重（字伯虞）的护卫与侍奉下，魏敬命军士入殓兄弟遗体，抬运灵柩随军沿仙霞古道一路颠簸急行。方子重后来被魏敬认为义子，随侍魏妈终生，功赠昭德将军。

走过三四天路程，队伍从须江翻过仙霞岭，进入闽浙赣交界处福建“北大门”浦城县境内。陈元光两位堂兄元敂、元勛和一些将士亦染瘴气，相继患疫而殁。魏敬和将士们伤心欲绝，聚集于浦城郊外水南汉兴山上水南毛瘠坪，含泪掩埋陈敏、陈敷、陈元敂、陈元勛和病亡将士共计200余人，并为此唐军墓群“各树碑表”。魏敬顾不得丧子失孙之痛，率领援军从汉兴启程，一路星夜兼程往南进发，经建阳、南平，沿闽江南下抵达泉州（今福州）。泉州刺史曹炳亨闻报，偕官员出城迎接，于此养伤候援的李伯瑶也闻讯赶来。曹刺史见年逾古稀的魏敬随师亲征，对她途中遭遇不测深表悲恸，也对其慎谋能断、坚强大义肃然起敬。援军经短暂休整后，在李伯瑶的引领下匆匆启程。经福清到达仙游枫亭驿，魏敬将家眷及老弱病伤者安置于后方基地陈庐园。稍事休息后，她即统帅大军经安溪、同安直奔南来，三天内赶到九龙山下。

自李伯瑶突围后，九龙山营帐就要准备过冬了。闽南一场罕见的大雪降临，大地顿时素裹银装。受困山上的府兵已断绝粮草，境遇每况愈下。将士们在忍饥受冻和危机四伏中苦挨时日，几乎吃光山上的竹笋、野果、野菜、鱼虾等，最后于不得已情形下宰杀心爱的战马充饥。唐军凭借九龙山天险，击退十八峒联军一次次围攻，已困守两个多月。因信息不通，将士们强忍病痛，日复一日地苦盼援兵。忽见山下烟尘滚滚，厮杀呐喊声大作，陈政急命兵士前去探个究竟，才到半山腰便见山下旌旗招展，“陈”字帅旗隐约可见，有大队人马正与蛮兵拼杀。陈政料定救

九龙山军营遗址

兵已到，立刻组织人马横冲下山。此时，往日的疲惫之师恢复活力，跟援军前后夹击。蛮兵腹背受敌，不久便全线崩溃，四处逃窜。两军合力击败蛮獠联军，会师于九龙山下。陈元光扑入祖母怀中，泪流满面。

九龙山大捷后，唐军重整旗鼓，分兵追歼峒蛮残部。由于蛮兵习惯于山林游窜潜伏，老成持重的魏敬相视地形，分析敌势，灵活地排兵布阵，以势如破竹、所向披靡之势取得节节胜利。李伯瑶、马仁、许天正等率各分队以“调虎离山”“声东击西”“暗度陈仓”等战术攻关夺隘，连克多个蛮寨。最后在清溪（今安溪）攻克铁松峒后走出大山，抵达九龙江北溪东岸。

江东柳营江一带是龙溪县腹地。早在高宗麟德元年（664年），诸卫将军曾溥率军调驻柳营江。大军的到来，让年届花甲的曾溥松了一口气：“防务交接后，就可以卸任了！”陈政与曾溥在柳营江会合后，按朝廷旨意进行防务轮值交接，近300名戍卒也就并入陈政麾下，宣告中原府兵与当地驻军完成营盘戍守的更替。这样，陈政用了一年时间，攻克36个蛮寨，肃清九龙江西溪东岸一带峒蛮残部，取得平乱戍闽的第一阶段战果。

浦南整编

陈政办妥柳营江营盘轮戍手续后，当务之急是结束长期与蛮兵隔江对峙局面，将平乱战争推向纵深。但柳营江河段地势险峻、水流湍急，对岸蛮民沿江扎有牢固营垒，突击渡江难度甚大。这里既是九龙江最险要的隘口，又是南北过往行人必经渡口，因位于寅方俗称“虎渡”。唐军到达九龙江北溪东岸、今江东桥头后，面对昼夜奔涌的江水，陈政一时束手无策，自忖水深流急无法强渡，决定临时扎营驻守，从长计议。

为巩固九龙江东岸阵线，做好再次渡江平乱的准备，陈政

九龙江北溪河段地势

北溪南岸浦南溪西古渡口

部署少数兵力镇守营堡，管控九龙山要隘，将主力转移到九龙山下驻扎。陈政和许天正沿江勘察，发现北溪南岸浦南溪西古渡口江窄流缓，溪水不深，峒獠防守相对较弱，遂决定“就上游流缓处结筏连渡，从间道袭击之”。他派李伯瑶率军沿江北上，抓紧捆扎竹排木筏，随时准备渡江奇袭。在此期间，为解决给养问题，开始在九龙山下开荒屯田，发展农业生产，以巩固江东后方，为大军西进提供生活保障。

经过一段时间的休整，唐军逐渐适应当地环境，战斗力有了较大提升，渡江西进条件基本成熟。上元元年（674年）春，唐军趁雨季未来、九龙江水浅流缓之际，准备利用船只、竹排和木筏连夜抢渡，突袭浦南溪西古渡口。先头部队潜渡抵岸，犹如从天而降。守军猝不及防，顿时作鸟兽散。大队乘胜渡江，一举攻破蛮兵阵营，并在北溪东岸北面古香洲渡打败苗自成、蓝奉高、雷万兴主力，迅速向西挺进，占据溪西湾松洲堡。九龙江北溪汰口湾龟形小山峰顶，有一座兵寨称桃源峒，原来是汰溪“蓝雷所居”的大本营。雷万兴等人遭击溃后，率护卫返回峒寨死守。许天正找来向导，领军清剿桃源峒，铲除九龙江流域动乱之源，只有雷万兴等少数人逃脱。

浦南东临九龙江北溪，西北靠天宝大山，是北溪与西溪交汇的冲积平原。具体位于今浦南吉洋村后金沙岭支脉揭鸿岭。这里江水平缓，地势平坦，土壤肥沃，气候温和，是汉唐闽南通往京城的主要通道。唐军取得抢渡溪西大捷后，陈元光眼见抱病南征的父亲身体虚弱，日渐消瘦，特别是右腿旧伤常由于天气变化和身心劳累而不时疼痛，以后逐渐发展为持续性疼痛，并逐渐加重，往往昼轻夜重，夜不能寐，疼痛难忍。他看在眼里，急在心头，只好求助于祖母，要求让入闽军队及时休养生息。

在魏敬的劝说下，陈政也觉得浦南一带适宜休整部队和安置眷属，决定让军队安营扎寨，并发动军民开垦江畔肥沃的土地，以站稳脚跟和拓展地盘。一方面，让军队和军眷得到休整，解决军饷补给和民食问题，也让自己有一段调养时间；另一方面，实施招抚政策，划出地盘招徕安置流离失所的百姓，绥抚世居山峒或居无定所的少数民族前来开垦，并通过编图录籍实施集中有效的管理。陈政还下令在天宝大山东南麓再建南山寨营堡，为溪西驻地提供军事支撑，俗称“营头亭”。这营头亭、松洲堡两处军营形成犄角，遇危急可以相互支援。中唐晋江诗人欧阳詹曾作《宿营头亭》，纵览“回峰叠峙绕亭隅，散点烟霞胜书图”的景致。

陈政采取三国诸葛亮在汉中、陈家军在光州固始的军屯方式：一是率军众和眷属剪除荆棘，开山取道，在浦南垦耕田地，栽黍种谷，开发建设大片村落。二是组织农工匠师传授中原生产技术，带领民众饲养禽畜、纺纱织布和手工生产，逐步过上安定

生活。三是采用“遣士人诱而化之”手段，用中原文化、华夏礼乐、典章制度、思想礼仪和生活方式引导深山峒蛮向化文明，逐步遵循伦理道德和法律制度，改变强悍野蛮和好斗性格。他派陈元光带人深入山林劝谕少数民族开展互市，并给予应急处置权，以培养儿子的现场沟通和协调能力。在陈元光的耐心帮助和感召下，少数民族搭设家庭手工作坊，利用产品交换盘活经济，解决了生产生活的实际困难。他对日渐增多的诚心归附者深加优待；对顽抗者采取感化和分化政策，促其转变敌视态度，最终心服口服；而对少数顽固且继续作恶者，则合力围捕，以儆效尤。

在陈元光等得力干将的操持下，浦南这片依山傍水的土地为府兵提供极好的休整环境，解除了入闽以来严重缺乏军饷和征战疲乏问题。唐军相继在浦南建起金沙、弘道、松洲、诗棚、鳌浦等村落，不少将士把原来安顿于枫亭驻地的眷属迎来安居。随着招徕人口的增多，又向东推进到九龙江北溪、西溪汇合处的沙洲，先后建成长洲、马崎、下尾、西坑、上苑、丹州、东洋、岭兜、西浦、水居等村落。形成西自浦南起，东至长洲对岸的丹州，包括今龙文区所辖和芗城区治东北地域的浦头、下洲、土白、诗浦等，成为继枫亭之后唐军起建的第二个根据地，即宋代所称“唐化里”。

唐军还用三年时间东征、西进和南下，先后荡平嘉禾屿鹭江峒，鼓浪屿天吴峒，龙溪漳仙峒、蝴蝶峒、蜜婆峒、飞龙峒、古兰水（今南靖船场）柳斜峒，以及西边苦草镇（今龙岩新罗）越州城，一步步平抚九龙江流域广阔地区，基本肃清龙溪全境凶顽，将蛮酋势力逼退到梁山盘陀岭及其以西、以南

唐化里

地区，去除了后患，为提高凝聚力、储存战斗力提供巩固的后方。本来狼烟四起的浦南地域，率先迎来安宁发展的局面。浦南整编使唐军恢复元气，实力与日俱增。陈元光也在亲力亲为的开发实践中得到锻炼。至此，大军向南挺进云山古绥安县地的军事行动提上了日程。

计破险关

戍闽唐军在浦南战耕抚结合，陆续平定东至嘉禾屿、西至苦草镇的九龙江流域地区，叛乱势力被逼南撤。蛮酋苗自成、雷万兴、蓝奉高等自九龙山和桃源峒兵败后，逃往梁山盘陀岭蒲葵关，鼓动娘子寨女寨主入盟。各峒寨残余兵力再次集结，凭借娘子寨飞鹅峒、闽粤关隘蒲葵关两处屏障为犄角，扼守梁山抗衡唐军，企图阻遏其南征。

上元二年（675年），历经三年浦南休养生息，唐军实力猛

娘子寨鹅冠髻石

增。但要彻底解决动乱根源，必须挺进盘陀岭，突破飞鹅峒和蒲葵关，开辟闽粤边界古绥安县地，站稳根基，再直捣潮州凤凰山蛮獠总巢。经陈政、魏敬、许天正反复讨论，南向梁山行动计划已成雏形。陈政前往梁山观察前沿局势，决定兵分两路进发梁山：一路由许天正、陈元光、马仁等将领率2000人取道岳岭，经佛昙到李澳川的旧镇集结；另一路由陈政、李伯瑶、卢伯道、魏敬等率6000人，取道九龙岭进入李澳川，与第一路人马会合。

唐军行至梁山盘陀岭东麓，突见一座石墙环绕的坚固峒寨在云雾缭绕中若隐若现。近前一看，一批峒蛮居高设险，固守关隘要冲。这座峒寨叫飞鹅峒，位于梁山东北麓缓坡葫芦形小台地上，地势西宽东窄，东、南、北三面河水围绕，西北面有一座略呈三角形小山连脉梁山。寨堡背连金刚峰，建于长条状丘陵高地突出部，地貌状若飞鹅，人称飞鹅山。山形向东偏北延伸成一道长条形台地状脉络，极像鹅颈形成的路径。隆起突出的前端似飞鹅头部，西面鹅身和鹅尾椎部连脉梁山，鹅头正中是一块称“冠髻”的半球形巨石突出地面，两侧各有小水池似“鹅眼”。坐踞“鹅头”的峒寨以条石砌成整齐坚固的墙体，居中开一座高2米、宽1米的寨门，外辟一条蜿蜒小道。寨子居高临下，侧后与险峻的盘陀岭形成犄角，外边河水环绕，面前平原开阔，有易守难攻、万夫莫开之势。峒主名叫娘慧仙，寨兵多为女子，故称“娘仔寨”。

如此特别的峒堡防线，纵使大军压境也施展不开。若一味强攻，势必造成重大伤亡；倘遇大军围困，援军仍可沿长条状岭脉前来增援；即便无法坚守，也可迅速撤往梁山腹地隐蔽起来并保存力量。考虑到突破这道防线的艰巨性，陈政将主攻任务交给足智多谋的分营将李伯瑶。起初，李伯瑶多次率部试图潜抵娘子寨突袭强攻，均被娘子兵用乱石、滚木、飞箭击退，根本无法接近寨门。后来在魏敬和许天正的提示下，李伯瑶决定采取“割鹅颈”战术迂回夺关。

八月初一那天，李伯瑶派兵从娘子寨右翼潜至“鹅颈”两侧，暗中在长条状台地两端各凿一条壕沟，切断“鹅头”寨堡通往金刚峰的唯一退路，阻绝峒寨与后方的联系，使娘子寨孤立无援。接着李伯瑶隔寨喊话，晓以大义利害，力劝开寨归顺。语气诚恳真切，喊到声嘶力竭仍未见响应时，索性脱下战袍，全然忘记主将身份。而当他卸下盔甲，完全以儒雅书生面目出现时，顿使女峒主敌意全消。他那清亮嗓门、英俊容颜和术士辩才，完全俘获娘子兵们的芳心，于是同意开堡迎纳。李伯瑶再经一番和颜

悦色的善加劝勉，终于取得峒主信任，她决定献寨投诚唐军，表示情愿听从调遣。后人以李伯瑶智取娘仔寨、招安娘慧仙为蓝本创作《李伯苗娘子寨招亲》，绘声绘色地演绎智多星“李伯苗”用美男计招降女峒主的传奇，成为影射陈元光开漳故事《平闽十八洞》小说中最精彩的章节，让人们茶余饭后津津乐道。

唐军驯服娘子寨后，迅速进逼盘陀岭蒲葵关。蒲葵关地扼险隘高岭，以东为怪石嶙峋的梁山，以西是层峦叠嶂的乌山，曾是闽粤南北交通关隘要塞的南越故关。早在西汉元鼎五年（前112年），东越王余善曾发兵设此关拒汉。军政历史地理的隔阻，使此关成为闽粤文化分水岭，山南山北习俗各异。山南绥安溪通畅的航道，以及传统陆路交通，联结着与粤东从未间断的地缘往来。关城位于旧官道之侧，有登岭石磴通往，已是蛮兵所据峒堡。城墙用条石及夯土砌筑，从西北呈弧形向南延伸，墙基外围有壕堑残迹环绕，周长约300米，路旁辟有井台。唐朝前期，蒲葵关以南地广人稀，属于岭南道管辖的蛮荒区域。跨过这道古称“揭阳岭”的梁山关隘，往南就是古绥安县地的丘陵平原。因蛮兵把守关隘，商路受阻。据关眺望，山径蜿蜒，陡崖险峻，北面是漳浦李澳川，南面有云山安仁乡路径通往粤东平原。

唐军与蛮兵决战前，双方力量悬殊较大。此时唐军已达1万余人，又刚巧取娘子寨，群情激昂，士气高涨。蛮兵虽固守有利地形，却只有4000多人，大多临时从各峒寨召集而来，军心涣散，战斗力偏弱。陈政采取中军矫兵佯攻、两翼重兵强攻策略，意欲夹攻和牵制守军。蛮兵则集中兵力据守蒲葵关狭窄地带，战斗力难以充分发挥。双方刚一开战，唐军两翼同时推进，快速抢占制高点，与佯攻牵制的中军形成三面合围之势。蛮兵发觉制高点被占，只得匆促分兵抵御，终因兵力不济和仓促上阵而溃不成军，节节败退，被压缩到关隘下的狭窄地带。唐中军趁机沿古道猛攻，“追桀寇于盘陀之下尽歼之”。除了苗自成、雷万兴、蓝奉高带亲兵西窜外，唐军全歼蛮兵主力，拔除最后一座山寨，并乘胜越过盘陀岭，循闽粤古驿道进屯梁山下古绥安县地。许天正、陈元光、马仁率军从李澳川旧镇赶至，沿途歼灭流散的残敌。苗自成等人慌不择路，抢了绥安溪下游几条船，循海路南渡而去，迂回逃往凤凰山。唐军入闽平乱总决战取得决定性胜利。

蒲葵关大捷在开漳史上具有转折性意义。陈政很快肃清梁山以北山区蛮兵残部，“渐开西北诸山峒，拓地千里”，荡平蒲葵关以西至闽粤分水关以东地区的动乱。“政由是得全兵，奉母集众进屯云霄。营城置堠，獠寇畏威，民渐安息。”唐军于火田烧山垦田和建宅屯守，在云山安仁乡建立大本营，建设巩固的根据地。至此，南疆硝烟渐散，狼烟不再，泉潮间“蛮獠啸乱”总算被阶段性地平定下来。

敕建漳州郡縣

奉
天承運
皇帝制曰咨爾玉鈐衛翊府左郎將進階正議大夫嶺南
行軍總管陳元光者早以儒術代將父兵夷群虜之藪
為太平之區近悅遠來道通木拔雖伏波之征交趾豈
父之治岐山不啻是也請新州邑固期以安乎生民別
注官員大慮不諳乎土俗民既受殃官以被害不如就
爾屯營建為治所革去綏安之舊號庸茲今世之新名
州曰漳州縣曰漳浦版圖既入於職方戶口猶肩於并
牧爰稽古典宜列下州然拔一州者多孤人之子得一
縣者必寡人之妻今汝建邦啓土無含人孤寡之冤崇
德報功宜紹汝箕裘之爵祖武中郎雲仍刺史制度永
尊於武德告身有等於山河可進中郎將右鷹揚衛率
府懷化大將軍輕車大都尉兼朝散大夫持節漳州諸
軍事守漳州刺史贊治尹營田長春宮使者其嶺南職
事如故州自別駕以下縣自簿尉以上得有廉幹人員
听其旁招注用共圖偉績以策殊勳暨爾七閩連抵百
粵凡爾軍民事務悉從區處施行蓋以爾父子相承久
牧茲土蠻畏其威民懷其德又且老於遠患更涉事為
必能審克勳聿孰知民謨汝其益勵初心用成厥治
唐垂拱四年六月二十九日

第三章

荡寇岭南 创建州县

陈元光承袭父职执掌帅印，两次率部入粤平乱，剿灭陈谦及苗自成、雷万兴等割据势力，肃清闽粤边患。为保障长治久安，他奏请设州置县并成为首任漳州刺史，奠定闽南社会发展、文化繁荣的坚实基础。

承袭父业

上元二年（675年），历经艰苦卓绝的战斗，陈元光已成长为年满19岁的青年才俊。入闽6年军旅生涯历练、无数次战火洗礼，使他不断进步和成熟。他已能透过变幻莫测的战事认清战争规律，实时掌握战场情况，领会指挥者意图，增强辅助掌握战局的能力。

许天正比陈元光年岁略长，也在征战中变得更老成持重。其韬略计谋、文字功底和排兵布阵方法，经常让陈元光由衷地折服。陈元光还经常与卢如金、马仁、李伯瑶、沈世纪等人切磋武艺，配合制定作战计划，探讨两军对垒、行军布阵规则。祖母魏敬对陈家剑法的提纯面授，使他在修习中受益良多；而陈家枪法在马背上运用，讲究的就是“枪似游龙扎一点，舞动生花妙无穷”。这些诀窍，使他在实战应用中屡建战功。此外，父亲陈政治军有方、谋略得宜、遇事冷静和决策果敢，对他的成长也产生积极影响，极大地提升了陈元光的文韬武略，使他总能做出较有把握的预见和决断。他的心智日臻成熟，内心更加强大，可以坦然地面对各种挫折，而浑身上下透出的一股豪迈英气，表明他已经成长为真正的风云战将。

陈政率部众进入云山区域后，认为此地经历过啸乱刚刚平定，当务之急是实行更加有效的治理。他选择在梁山南麓古绥安县地安仁乡周边筑营驻军，在原少数民族垦殖区火田村开辟良田。为了从根本上解决近万名府兵的给养及眷属生活问题，陈政汲取曾在浦南戍边与屯田并举的经验，带领军民齐心合力开荒造田，开基建宅，将火田驻地开辟为新村落。北倚梁山的火田，有盘陀岭蒲葵关为护，取绥安溪水路可往东南直通大海；西有大峰山（今平和灵通山）与乌山山脉为障，这片区域自古就是往来闽粤必经和兵家必争的战略要地。他根据地形和军事需要部署兵力，除了加强首邑安仁乡的防守，又将府兵分为3个营建堡驻扎：上营驻于岳坑，中营驻于西林，下营驻于将军山下修竹里，形成三足鼎立之势。这样可以扩大管控区域，方便调度驻军和强化运动回旋能力。他还在重要山头增建烽燧，一旦发现敌情可及时预警和相互策应。

在陈元光的建议下，陈政采纳并推行“均田制”，将六朝以来因社会动荡造成的无主地和荒地按编户人丁分配，20%为永业田，80%为口分田，让民户耕作。均田制推行后，吸引来周边地区乃至闽粤赣边贫苦农民，涌现出大批自耕农。经过辛勤努力和开发建设，万亩土地得到开垦。火田村成为入闽唐军继枫亭、浦南之后建立的第三个根据地。陈政派人迁来原来居住于浦南的将士家眷，让他们安心劳作，过上稳定的生活。

仪凤二年（677年）初，历经多年风云际会的陈元光愈加成熟稳重，唯一让他操心的是老父年事渐高、足疾时发、体力不支和无法治愈的病根。自从奉旨抱病率兵入闽平乱，陈政在戎马倥偬中身经百战，度过艰辛的6年光阴。回想这些年来，父亲在艰苦平乱中冲锋陷阵，在严格治军中一丝不苟，战前谋划筹措，战时身先士卒，治理剪除桀顽，开垦筚路蓝缕，抚民操劳备至。如今浦南和火田等根据地基本步入正轨，建宅兴农、服务百姓也已经到位，陈政却根本没能好生休息过。而这在他看来，只是尽忠职守、不负皇恩罢了。

看着父亲重病缠身，陈元光不忍心，很想主动替父亲分担些许责任，好让他减轻压力，放松身心。但一大堆军政要务，以及大乱初定的重担，还是让陈政超负荷地忙碌和操劳。在高强度工作的压力下，加上长年征战的军旅劳顿，陈政积劳成疾，卧病不起。虽经医士李茹刚精心治疗，病情仍日趋加重。陈元光眼看行动不便的父亲病入膏肓，犹如鱼刺哽喉，难受至极，不禁感喟忠臣良将之至诚、至忠和至义。他记得父亲曾作《小影自赞》自勉：“汝貌兮张良，汝才兮寻常，右瞳兮微眇，右足兮微伤。然而为君为国之心，自许亦略与古人相将。”他把父亲鞠躬尽瘁的伟大形象深深地烙入脑海，顿时心潮起伏，久久不能平复。

四月十五日，为开发闽南历尽艰辛、立下赫赫功劳的陈政将军宣告不治，病逝于火田府邸，享年62岁。治丧期间，魏敬提议把军政事务暂由副将许天正全权处理，让书启人员拟写表章，呈奏“归德将军、岭南行军总管陈政病故，帅位补缺，伏候敕

云霄将军山

旨”，并将噩耗驰递泉州刺史曹炳亨、潮州刺史常怀德、循州司马高琔等泉潮主官。官员们闻讯纷纷前来吊唁致哀，沉痛地为德高望重的老将军祈祷送别。

不久，诏命陈元光承袭父职，以玉钤卫翊府左郎将执掌帅印，总管军中事务，并令其丁忧不得离任，“代领其众”继续开发。同时，念陈政“备极劳瘁”、劳苦功高，遂根据其生前南征事迹和忠心义烈，钦赐谥号“忠肃武烈”，敕葬于修竹里乌山支脉将军山东麓。此山原称云霄山，形似大将帷帐，巍然雄视东海，因汉武帝时有闽越王驺余善麾下“吞汉将军”驺力屯兵而易名。继而安葬大唐将军陈政，使其声名相得益彰。同年，驻防大峰山军营的军咨祭酒蔡允恭参军病逝，葬于大峰山下，朝廷追封银青光禄大夫。

陈元光父亲病故后，母亲司空氏因悲伤过度一病不起，于

将军山陈政夫妇合葬墓园

云霄将军庙

第二年六月与世长辞。陈元光“躬自掏砖，亲掘墓坎，兵不知劳，民不见扰”。将她与父亲合葬，并结庐守墓。为缅怀陈政将军的功德，唐嗣圣元年（684年），云霄下营驻地建庙供奉陈政塑像，世称“陈将军庙”。北宋政和三年（1113年），颁诏陈将军庙为官庙；南宋绍兴二十年（1151年）六月，追加陈政“祚昌侯”、司空氏“厚德夫人”封号。

在年近八旬的祖母魏敬和部属的扶助下，陈元光不负众望。他勤于吏治，“未尝稍有宁处”，亲率部曲及军民落籍本地，在施政决策中有为敢当，终于平定闽粤之乱，为大唐王朝成就开漳建漳的宏图伟业奠定了坚实基础。

建功潮阳

蛮酋苗自成、雷万兴、蓝奉高等在蒲葵关决战中大败后，随即带随从自水陆两路辗转逃回凤凰山老巢。但他们不甘心从此销声匿迹，遂趁唐兵于火田村建营屯田、休养生息之机，在凤凰山下雷家寨重新招兵买马，伺机东山再起。经过一年多处心积虑的经营，蛮兵队伍已发展到一定规模。

仪凤元年（676年）冬，苗自成、雷万兴、蓝奉高获悉岭南行军总管陈政病重、儿子陈元光年纪尚轻，估计他没有多少带兵经验；而潮州当政者兵力有限，完全可以忽略，认为终于熬到卷土重来的机会了。时值广东崖山反唐势力首领、硐州人陈谦拟结诸蛮率众起事，听说苗自成等也要起兵，便前来联络。彼此一拍即合，决定分两路同时发兵：一路由苗自成等领众进攻潮阳，一路由陈谦率部攻打冈州（今广东江门新会）。双方商议，事成后合力袭占泉、潮两州。事实上，这蛮酋三雄并不把陈元光放在眼里。

翌年冬，苗自成等侦知陈政病殁军中，遂聚集七八千名蛮兵率先发难，猛烈攻打潮阳县城。当时镇守潮阳城的唐军不过500多人，当蛮兵攻城时，将帅们虽负城血战，但因力量悬殊，结果兵败城陷，官兵伤亡过半。幸存者突出重围，投奔潮州城而去。潮阳城陷后，蛮兵打家劫舍，凶横无比，并趁势紧逼潮州。接快马来报，潮州刺史常怀德获知蛮獠死灰复燃，可能会从潮阳奔袭而来。如果蛮兵很快兵临州城，潮州势将危在旦夕。情势紧迫，常怀德心急如焚。他一面吩咐加强城防，准备严防死守；一面修书向继掌帅印的陈元光告急，望火速赶赴潮州，“以轻骑讨平之”，解城守燃眉之急。

常怀德告急公文刚送达，陈元光立即修书回复，答应次日发

兵增援，并叮嘱他要严防死守，确保城池不失。随后他将军情禀告祖母魏敬，并把副将许天正及分营将召集到府邸，商定出兵事宜。他神色凝重地说：“潮州万万不可丢，它是扼守本辖地安仁乡的南方屏障，前有恶溪为梗阻。一旦落到蛮獠手中，纵有万千兵马，也断难进入！”随即对援潮行动作出部署：“此次出兵，除许副将领1500人留镇外，其余7000名将士悉数随本帅救援潮州。”

陈元光虽然只有21岁，又刚接下父职掌管帅印。但他经历多年戎马历练，积累了丰富的指挥作战经验。加之受将门世家熏陶而文武兼修，成为具备文韬武略的儒将。他对于如何平乱和治理富有见地，决定打击少数穷凶极恶的魁首，争取和团结被胁迫参与叛乱的多数蛮民，避免因过度杀戮造成社会仇恨，“剿抚并用、威惠结合”的施政方略已然成形。他虽然首次统帅大军出征，却也镇定从容，调度有方，指挥得当。

经仔细筹划，陈元光率师自火田进发潮州。他们经南诏分水关稍事休整，即以急行军速度开到潮州城外围。此时，刺史常怀德早已命人守候于城外官道。为不惊扰城内百姓，陈元光传令将士扎营城外，自己和马仁、沈世纪、李伯瑶等将领入城拜会刺史。常怀德介绍了严峻的军情态势，商定将部分守军交由陈元光统领，赶赴潮阳收复失地。

次日，陈元光率队抵达潮阳城外，安营布阵。为避免攻城导致过多伤亡，陈元光找来原潮阳守军了解情况。这些在蛮兵围困中突围的将士熟悉城内情况，也为城中老小着急。陈元光认为，目前蛮兵势头正盛，大有背水一战之势。倘若一味强攻，即便付出惨重代价，仍无取胜把握。只有通过智取，攻其不备，才有可能以最少伤亡取得胜利。经一番乔装打扮，十多名潮阳守军蒙混入城，凭借洞察地形布防的有利条件潜作内应。陈元光将主力部署于东城门和北城门一带，派沈世纪率一队骑兵主攻水门，马仁、李伯瑶率另一队骑兵主攻东门，其他军将听候调遣，随时接应。

作战计划部署妥当后，夜幕降临了。潮阳城被肃杀之气笼罩。趁着夜色蒙雾，陈元光决定连夜攻城。二更时分，马仁、李伯瑶率队与守城蛮兵在东门外交锋。城中内应趁乱斩杀把守水门的蛮兵，打开城门迎接沈世纪一队强攻入城。骁骑冲破敌阵，在城内勇猛杀戮，往东门辟开一条血路，在街市上短兵相接。城门一破，意味着大势已去。毕竟临时召集而来的蛮兵很难抵挡训练有素的唐军，猛见水门被破，遂无心恋战，不久就狼狈逃窜。唐军打开东门，陈元光、马仁、李伯瑶等在城外激战正酣。陈元光挥动长枪，一招“仙人指路”，枪芒贯穿敌将胸口。苗自成、雷万兴、蓝奉高忽闻城内传来急促喊杀声，心理防线土崩瓦解，急收三队残存人马突出重围。由于带出的丁壮损失惨重，他们无颜返回凤凰山，只得收拾残众投奔崖山陈谦而去。

次日，陈元光采取铲除元凶、教化胁从的政策，肃清了城内外残敌。在他驻军揭西界石时，特地冒雨拜谒潮州三山神庙，留下《祀潮州三山神题壁》三首，提及“孤隋不尊土，幽谷多豪杰，三山亦隐者，韬晦忘其名”等诗句，盛赞三山神报国不仕而隐迹山林、独善其身的志节。而从“三山香火地，万古帝王钦”诗句中，可感知陈元光深谙功高不震主的君臣之道。

陈元光安抚潮阳百姓后，便辞别潮州常刺史，凯旋班师北返。潮阳城老老少少再三挽留他，都说寇患未尽，务请兼戍本地，保护潮境安宁。

陈元光统兵出征，以妙策初试锋芒，既取得潮阳大捷，也树起少帅之威，在闽潮两地留下良好声望和影响。回到火田驻地后，他摆下庆功酒宴，即兴吟咏《平獠宴喜》，向父老描述沙场鏖战情景和将士英豪气概：

玉铃森万骑，金鼓肃群雄。
扫穴三苗窜，旋车百粤空。
风生云无帐，雪压碧油幢。
火烈消穷北，呈祥应岁东。
朝端张孝友，忽鳖待元戎。

许天正也喜作《和陈元光平潮阳寇诗》，留下“落剑惟戎首，游绳系胁从”“龙湖膏泽下，蚤晚遍枯穷”等诗句，高度赞颂陈元光平定潮阳之役，并慨叹道：“除却少数未开化的蛮酋，已没有顽抗之人。但在龙湖膏泽下，早晚会普遍

南北朝时期铁匠连杰（字清化）、教书匠赵轩（字助政）和农夫乔俊（字惠威）曾襄助隋文帝完成帝业，敕封开国驾前三大将军。但他们建功后选择退隐修身，被隋恭帝杨侑封为元帅，立“三山国王”庙祀。

受到熏化的。”

陈元光动员军民垦荒造田，实行优抚政策，精心开发和经营火田驻地。许多少数民族看到这里经济繁荣、秩序井然、社会安定，纷纷前来归附。他们在积极参与劳动创造中，逐步改变以往“不役不税”作法，主动纳粮交税，融入社会主流进程，融入民族的大家庭，推动地区文明发展。陈元光对几年来招徕山民、利民惠民所取得的成效深感欣慰，喜作《南獠纳款》：

南薰阜物华，南獠俨庭实。
野味散芳芬，海肴参茂密。
朐篆飞瑞烟，螟珠媚炎日。
掩嫪笼白鹇，盐车闷鸂鶒。
归化服维新，皇朝重玄质。
筐辰贡龙颜，表子躬逢吉。

入冬时分，雪花纷扬，闽南下了一场雪。但这场雪，已不同于当年九龙山受困时凄风苦雨的一幕。大地披上银装，犹如瑶台银阙；雪花飞到屋檐，似乎轻柔微鸣。在陈元光看来，何需享用山泉酿造的美酒呢？那茶壶发出的蒸气，和着雪花的香味，伴着人民的喜庆，不正是对他们最好的回报吗？他油然想起从光州固始出发以来，唐军经历的那些令人肝肠寸断的艰辛岁月。如今，在大家的精心经营下，终于迎来物阜民安、衣暖粮足的人间美景！陈元光不禁深情地写下《观雪篇》：

不敢希醸泉，忻然睹香雪。
圭璧充庭辉，山林变瑶阙。
农郊卜岁丰，师阃和民悦。

触檐鸣瑀珩，拂衔凛鈇钺。
藻台净冰鉴，茶壶团素月。
圣恩宏海陬，边臣效芹说。

永隆元年（680年），陈元光丁忧期满，在火田任所与种沉（字若讷）喜结良缘。种氏为成都治中朱仙镇人，是金紫光禄大夫、太傅中书令、汝宁开国伯种元晦的长女。她知书达理，见识广博，成婚后与丈夫相敬如宾，成为陈元光的贤内助。垂拱四年（688年），种氏诞下一女取名怀珠，长大后适卢如金之子、郡马都元帅卢伯道。长安二年（702年），种氏又生子陈珦，此为后话。

岭表悉平

盘踞于冈州南郊崖山的陈谦，曾于仪凤元年（676年）与凤凰山苗自成、雷万兴、蓝奉高等遥相呼应，一度攻陷冈州。后在岭南道广州都督府派兵征讨时失利，加上苗自成等在潮阳遭重创，遂畏慑于陈元光军威而撤回崖山老巢。随着苗自成等率众来投，再经几年整编扩充，逐渐恢复元气，自诩羽翼丰满。永隆二年（681年）夏，陈谦率众再度攻陷冈州北上，潮州城岌岌可危。广州都督府接到紧急军情，命循州司马高琔收复冈州，增援潮州。高琔武器兵力不济，派人来闽南求援。

此前，陈元光已接到潮州警讯。严峻的局势让他无法平静：“蛮寇常年来扰，终是祸害成患。宿敌不予根除，岭南疆域无法太平！”他虽未接岭南行军总管一职，仍感到当仁不让，于是爽快地答应出兵，复信约定先救急潮州，再借机收复冈州。他急召许天正等部属商讨对策，精心部署，集合1万大军启程，与高琁人马会合。

此时，潮州城下蛮兵围城压境，激战正酣。陈谦、苗自成等连日攻城。潮军知援军将至，奋力死守，蛮兵久攻不下而渐渐懈怠。面对这种局面，陈元光与许天正、高琁等人商议，考虑到城西南面濒临恶溪中游，蛮兵无渡船逃离，决定分三路进击：一路由李伯瑶、沈世纪部会同高琁人马，从葫芦山下包围城西；一路由许天正率兵从金山包围城北；一路由陈元光督师从笔架山包抄城东。

是夜，三路人马按指定方位悄悄逼近城下蛮营。摸哨尖兵手起刀落，杀死守营哨兵。唐军纵马冲入营地，纵火焚烧营房。后续人马迅速跟进，一时火烧连营，杀声大震。刺史常怀德及守城将士忽闻城外呐喊，料定陈元光率师杀至，立马率兵冲出城门夹击敌人。蛮兵于酣睡中惊醒，许多人未及缓神即被斩杀。陈谦、苗自成、雷万兴听到冲杀声震耳欲聋，各仓促应战。然而颓局

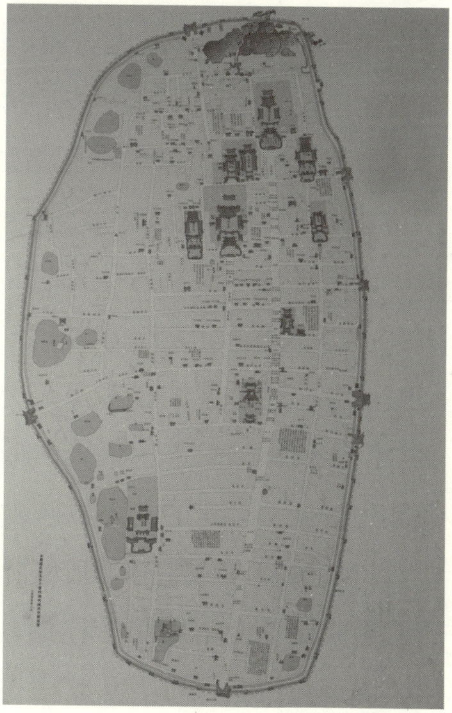

潮州古城地形图

潮州古城

无法扭转，蛮酋在唐军的攻击下左冲右突，力图冲出重围，终究无济于事。这是一场血腥的鏖战。唐军不畏死伤，与强悍的蛮兵展开拼死战斗。战地尸横遍野，血流成河。反唐势力首领陈谦，蛮酋苗自成、雷万兴被唐军斩杀。蓝奉高侥幸逃走。

潮州大捷后，唐军乘胜南进冈州。陈元光与常怀德、高琁一路披荆斩棘，架设栈道，抵达冈州城下。城中守军未待唐军攻城，已闻主帅陈谦及苗自成、雷万兴兵败潮州城被斩，顿时军心大乱，尽失战力。高琁遵从陈元光“不滥杀无辜”之嘱，亮开嗓门喊话：“开城迎纳吾军者，视同弃暗投明，以功抵过，不予杀戮！”在唐军威逼下，蛮兵预感大势已去，只得开启城门投降。此战中被唐军俘虏的敌人数以万计，冈州顺利收复。如此一来，旷日持久的泉潮动乱根源基本清除，长期骚扰广潮的反叛势力也受到毁灭性打击，几近全军覆没。

陈元光统兵入粤平乱大捷，肃清了闽粤边患，但对蛮寇蓝奉高漏网可能留下的隐患仍不放心。他将善后交给冈州方面处置，

云霄燕翼宫

随即班师绥安。事后，广州都督府、循州司马高琁将战况上奏朝廷，为陈元光请功。永淳二年（683年）八月初一，高宗李治诏陈元光晋秩正议大夫、岭南行军总管。嗣圣元年（684年），中宗李显又以巩固大唐东南边陲有功，恩敕陈元光按规制营造府邸。经过近两年施工，到垂拱二年（686年）初，雄伟大气的“燕翼宫”竣成。在乔迁新居之际，陈元光自省朝廷恩典甚厚，吟诵《落成会咏二首》表达感激之情。其一云：

泉潮天万里，一镇屹中天。
筮宅龙钟地，承恩燕翼宫。
环堂巍岳秀，带砺大江雄。
轮奂云霄望，晶华日月通。
凌烟乔木茂，献宝介圭崇。
昆俊歌常棣，民和教即戎。
盘庚迁美土，陶侃效兼庸。
俚醴延张老，开轩礼吕蒙。

无孤南国仰，庶辅圣皇功。

陈元光自承袭父职5年以来，在征战中摸索出一套切合闽粤实际的征战思想和灵活措施。如他两度率军入粤平乱，都能取得决定性胜利，与其贯彻朝廷“靖寇患”“奠皇恩”大政方针、实施“威惠并济”的治政方略不无关系。同时，他又以政治家的远见卓识，竭力谋划九龙江北溪以南至闽粤交界地区社会、经济和文化进步，使动荡12年的闽南首次迎来安定发展局面，推进了从军事管控向行政管理的有效转化。

创立漳州

绥安溪畔西林村是唐军屯兵中营驻地，原来为畲族大村青狮峒，濒江村落居住着盘、蓝、雷等姓氏。绥安溪下游两岸群山环抱，江流冲积形成平原沃野，地势广袤，一望无际。唐军屯驻后，继续在西林辟地拓村并建成集镇。上元二年（675年），陈元光曾随父亲陈政、祖母魏敬等人从安仁乡驻地南巡中营。他们循着绥安溪支流火田溪来到西林溪畔，正遇大潮高涨奔泻而至。眼前这条汇合西溪、北溪，从西北向东南穿越古绥安县境的大溪，在江海交汇中汩汩流淌。两条支流汇合处，溪水在海潮作用下形成清浊脉络分明、潋滟辉映成章、光华流转清晰的奇特景象。

波涛汹涌的两股溪流，让驻足江畔的陈政油然想起曾经征战山西河东时的那条漳河。压抑心头的去国怀乡之情骤然喷发，顿时脱口而出：“此水如上党之清漳也！”原来山西、河南两省交界处，有一条源出山西东南部上党（今长治），东南流经河北陟

平和大峰山漳江源头

县及河南边境的大江。清漳江流来的清水、浊漳江流来的浊水，在两江交汇处回旋成章，遂称漳河。陈政早年出征临汾、上党等郡，曾驻守祖辈发祥地河东，对漳河印象极深。他虽思恋中原故土而触景生情，但皇命在身，倘若思乡情盛，势必动摇军心，遂慨然重新命名绥安溪为“漳江”。

陈政借移植故地景物替河东将士化解乡愁，激励他们用开拓者的坦荡襟怀，从心理、情感和思想上充分地融入这片土地。只有用开放包容的态度，根植闽南这片土地，才会自然而然地滋生归属感和依恋感。看着父亲的思乡神情，陈元光想起故乡光州古弋阳郡旧第旁的山水风物，也有一股怀乡情绪袭上心头。他用黄国故城溪流宽阔处龙形湖段另起别称，自号“龙湖”聊慰乡愁。后来又以漳江命名州县，开创中国移民史“日久他乡即故乡”的范例。

经陈元光多年平乱和开发，闽南地方政治经济状况有了显著

变化，但少数民族的反抗并未完全止息，“酋首宿敌既未荡平，时刻可能死灰复燃。”他认为，闽泉粤潮之间长年动荡不安，生产经济、商业贸易仍处于不稳定状态，化外之族暴横凶悍，民性尚武，礼让风气差，甚至严峻到“元凶既诛，余凶又起，诛不胜诛，徙难累徙”的程度。究其原因，在于行政管理能力弱，而失之教育是经常啸聚作乱的根源。他手中只有岭南行军总管这一军事管制权限，并无行政管理权力。但光靠军事管制、武力镇压不是办法，他认为：“倘欲生全，几致刑措，其本则在创州县，其要则在兴庠序。”加强行政管理和教化，维护社会安定，让百姓安定生息，才是治理之本。

陈元光与父亲奉诏实施闽南、粤东平乱和建设长达40年。在他执政近10年中，尤其自永隆二年（681年）潮州大捷基本肃清乱根后，采取以抚为主、剿抚并用的仁政，在消除祸患和稳定地方等方面取得良好建树。他克服经费不足困难，拓建和整修故绥安县地安仁乡旧城，以备日后用作新辟邑城；在新城西南郊兴造祭坛“献台”，以备新建治所郊祭之需；在东南郊辟建“松鹭书院”，以教化黎庶，淳化风俗，将中原文明、农耕文化开枝散叶于闽南荒蛮之地。经过抚绥、治理与发展，建州置县的基本条件已经成熟。陈元光的《题龙湖五首》中，有一首描绘闽南风光、呈现平乱战斗和展示生活情景的诗篇，抒发他对传播文化、倡建州县的抱负情怀：

环堤森雾伏，壁水湛天枢。
带雨金龙甲，朝天锦鲤鱼。
楼船摇月鉴，阁鼓肃冰壶。

扣槛歌三叠，飞觞泻百枯。

犀燃神鬼泣，剑射斗牛墟。

怀古标遐轨，龙湖第一途。

永淳二年（683年）十二月，陈元光以政治家的高瞻远瞩呈奏《请建州县表》，提出定国安边之策。他“上疏请建一州于泉潮间，以控岭表，乞请刺史以主其事”“窃以臣镇地曰安仁，诚为治教之邦，江临漳水，实乃建名之本。如蒙定名号而复入职方，建治所而注颁官吏，循往古之良规，诚救时之急务”，请求朝廷恩准并委派官吏管理地方。

泉潮守戍、左玉钤卫翊府左郎将、臣陈元光言：伏承永淳二年八月一日制，臣进阶正议大夫、岭南行军总管者，受命战兢，抵官弥惧。臣以冲幼，出自书生；迨及童年，滥膺首选。未及干戈，守至懦至弱之质；惟知饱暖，无曰区曰处之能。幸赖先臣绪业，叨蒙今日国恩。寄身都阃，任事专征。爰从视职以来，不敢少有宁处。况兹镇地极七闽，境连百粤。左衽居椎髻之半，可耕乃火田之余。原始要终，流移本出于二州。穷凶极暴，积弊遂逾于十稔。元恶既诛，余凶复起。法随出而奸随生，功愈劳而效愈寡。抚绥未易，子育诚难。窃惟兵革徒威于外，礼让乃格其心。揆诸陋俗，良由职方久废，学校不兴。所事者蒐狩为生，所习者暴横为尚。诛之则不可胜诛，徙之则难以屡徙。倘欲生全，几致刑措，其本则在创州县，其要则在兴庠序。盖伦理谨则风俗自尔渐孚，治法彰则民心自知感激。窃以臣镇地曰安仁，诚为治教之邦；江临漳水，实乃建名之本。如蒙乞敕，定名号而复入职方，建治所而注颁官吏，治循往古之良规，诚为救时之急务。秦越百家，愈无罅隙；畿荒一德，更有何殊？臣谬居外镇，忝在封疆，所得事宜合奏。谨具厥由，伏候敕旨！

陈元光在表章中说道：唐军的驻地叫安仁，位于福建南端，防区紧接两广。居民“左衽居椎髻之半”，服饰怪异，搜狩为生，生活方式与华夏汉人不同，多数尚未开化。境内“可耕乃火田之余”，田地稀少，耕作方式落后。住户大多是泉潮两地凶狠暴戾的流动人口。首恶除去之后，残存的暴徒会重新犯上作乱。法律颁布不久，奸邪随即产生，管理起来较为费力，安抚管教困难重重。如果使用武力，仅能让他们表面屈服；只有施行礼教，才能匡正他们的内心。而产生这些丑恶习俗的原因是地方行政管理废置多年，又缺乏学校教育。这里的民众多以打猎为生，崇尚武力，霸道横行。动用严刑，不能将其杀尽；强行迁徙，无法反复驱赶。如果想保全他们的生命，并指望最终能不施用刑罚，最根本的办法就是设置州县和创办学校。

他还谈到，扎营镇守的地方濒临漳江，可以作为命名的依据，也是值得施行政教的地方。如皇上能恩准建立州县，修建城池，委任官吏，遵照良好的法规进行治理，实在是稳定时局的当务之急呀！只有促进民族融合，才能逐渐弥合百姓与官府长期的疏远隔阂，实现版图政令统一和长治久安。陈元光分析社会现状入情入理，见解深刻，指出引发社会动荡的原因切中时弊要害，提出的政治主张高屋建瓴，施行条件切实稳妥。

安仁乡是废置多年的故绥安县治所，位于梁山南麓漳江以北云山丘陵腹地，南面隔江同火田相连，为高踞溪畔台地开阔平坦的平原沃野。因此陈元光建议“镇地曰安仁，诚为治教之邦；江临漳水，实乃建名之本”。这一定边疏策得到裴炎、狄仁杰、裴行立、娄师德等朝中重臣的赞同与支持，也得到实际操纵朝政的武则天恩准。狄仁杰奏道：此地“遐方僻壤，万一遣官不谙民，土民反受其害。元光父子久镇彼中，蛮畏民怀，莫如令其兼秩领州。”垂拱二年（686年）十二月九日，武后颁诏《敕陈元光建州县》，批准革去绥安旧号，在泉州与潮州间析泉州龙溪县南境、潮州北境建漳州治所于漳江之滨，辖漳浦一县附设于州治，仍划属岭南道辖。诏命陈元光晋升中郎将、右鹰扬卫翊府怀化大将军、轻车大都尉兼朝散大夫，持节漳州诸军事，守漳州刺史、赞治尹、营田长和春官使者诸职，授予他“自别驾（许天正）以下得自辟置”的自行组阁权限。全文如下：

咨尔玉钤卫翊府左郎将、进阶正议大夫、岭南行军总管陈元光者，早以儒术，代将父兵。夷群虏之薮，为太平之区。近悦远来，道通木拔。虽伏波之征交趾，亶父之治岐山，不啻是也。请新州邑，固期以安乎生民。别注官员，大虑不谙乎土俗。民既受殃，官已被害。不如就尔屯营，建为治所。革去绥安之旧号，肃兹今世之新名。州曰漳州，县曰漳浦。版图即入于职方，户口犹肩于并牧。爰稽古典，宜列下州。然拔一州者，多孤人之子；得一县者，必寡人之妻。今汝建邦启土，无含人孤寡之冤。崇德报功，宜绍汝箕裘之爵。祖武中郎，云

仍刺史。制度永尊于武德，告身有等于山河。可进中郎将、右鹰扬卫翊府怀化大将军、轻车大都尉、兼朝散大夫，持节漳州诸军事、守漳州刺史、赞治尹、营田长、春官使者。其岭南职事如故。州自别驾以下，县自簿尉以上，得有廉干人员，听其旁招注用，共图伟绩，以策殊勋。暨尔七闽，连抵百粤，凡尔军民事务，悉从区处施行。盖以尔父子相承，久牧兹土，蛮畏其威，民怀其德。又老于远患，更涉事为。必能审克勋辜，孰知民瘼。汝其益励初心，用成厥治。

漳州初建时只设漳浦一县，其时疮痍未复，仍被列为下州。怀恩县于开元二十八年（740年）才析置，次年即并入漳浦，“而以泉之龙溪来属”。漳州的建置，完成了地方管理由军事向民政转化的进程，标志着闽南社会进入全新发展时期。

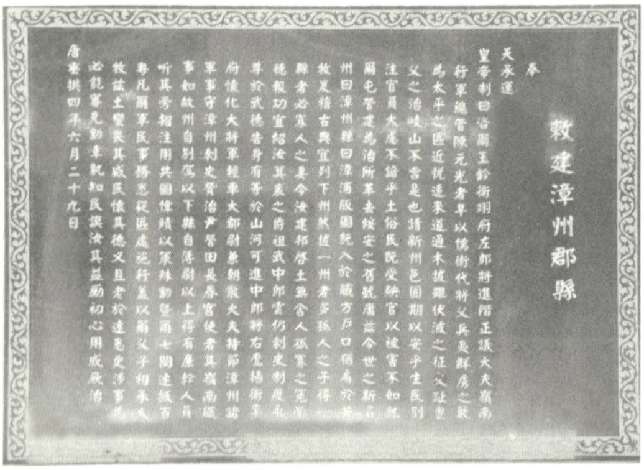

武则天《敕陈元光建州县》

荐吏兴城

陈元光清醒地认识到，人才是建设州县的第一要素。只有选贤任能，才能确保一方风清气正、事业兴旺。他又深知，朝廷诏书已经交付他推荐并组阁官员的权力，这是对他的信任。陈元光认真举荐和提拔经历平乱战争考验的将士，并根据性格能力选才擢用，做到公正透明。

在陈元光举荐的部曲中，宣威将军许陶竭力谋划平乱，后战殁闽东疆场并安葬于闽清，其爵位由宅心仁厚、治军建州劳苦功高的别驾许天正承袭。明威将军马克之子马仁任司马、宁远将军李靖之孙李伯瑶、府兵校尉林添德之子林章，以及沈世纪等均任录事参军。卢如金、涂本顺、戴汝孙、涂光彦分别任司仓、司田、司户、司法四参军事。安远将军张述仁之孙张伯纪主漳州邑事，府兵校尉司马仁之子司马仲章、府兵队正赵可绍之孙赵伯恭、郑子寿之子郑业任丞尉判簿等。陈元光《请置吏表》疏文，后以《举荐部曲人才表》编入《龙湖集》。他知人善任、慧眼荐才，深受部众拥戴。部曲们竭力协助州主创设州县与施展宏图，为开发南疆、治理漳州忠于职守，戮力同心。

待州城、县址建设方案筹备就绪，陈元光命校尉张伯纪、施光瓒、蔡长眉和司户戴汝孙等人分工负责漳州新城改造和西林土城建设，并对四境安全作缜密军事部署。《大明漳州府志》载："州初建在梁山之下，地名云霄，以山高得名。盖据险设州，且名其所置县曰漳浦。""陈元光开屯创州，始在梁山之下，漳水之北。（城门）北曰云霄，南曰庆丰，其城筑土为之。"张伯纪、施光瓒等为实施州县城邑建设兢兢业业，许天正对百务杂陈的建州事务处理得有条有理，都得到通报嘉奖。

一是改造古绥安县址，设置漳州，并附设漳浦县。经过近4年开发建设，至天授元年（690年）上半年，漳州土城改造主体工程、配套设施基本完竣。新城建于梁山之下台地，依山而建，

夯土而成，呈东西宽、南北窄的椭圆形布局。新城地势险峻，开设两座主城门和若干小门。北门面朝高山称“云霄”，南门称“庆丰”，城内有将军第、衙署、军营、演兵场、市集、商贸街和民宅等。南面在漳江古越王潭近处建渡口码头，并配套军事防御设施。漳浦县衙门附设于州城内。

二是在中营西林村设立土城。唐军中营作为军事指挥机关，设置于各族杂居、人口集中的漳江北岸西林村。点将台对面军营山驻扎部队，与上营岳坑、下营修竹里形成犄角之势。西南有乌山横亘为枕，左右有大臣山、将军山拱护，东面隔江有平阔沃野与火田村相连。外围既有梁山山脉为障，又有虎头山扼控漳江入海。对岸山顶配置烟墩，可报警或传递军情。此地水陆交通便捷，中军指挥灵动，对固守和出击、联络与呼应极为有利。西林城夯土为墙，开设南向、东向和东南、西北4座城门。墙外开凿一条东与漳江相通、环南西北三面的护城壕，东北、正南设两道水门。城内有衙署、军营、演兵场、仓堡、盐馆、监狱、商贸街和民宅。城外东、西、南向各辟村道，渡口置上水码头。此城作为军事中枢的中军重镇，直到开元四年（716年）迁州县至李澳川后，为方便管辖漳江沿岸，开元二十八年（740年）析置怀恩县，才以西林土城作治所，辖境包括今云霄火田、陈岱和诏安全境，南过分水关到潮阳。

三是在四境设置军事行台。为保障社会安定，巩固来之不易的建设成果，陈元光考虑到在彻底根除寇患之前，必须时刻加强防范，遂决定于州县四境建立四处行台以保境安民：一处建于泉州龙溪县南境游仙乡松洲堡（今芗城浦南），上游直抵苦草镇（今龙

中营西林城古渡口

岩）；一处设在安仁乡南诏堡（今诏安南诏），南境以闽粤分水关为界，西向南延伸到潮州揭阳县；一处置于常乐里佛潭桥（今漳浦佛潭），直抵沙澳里太母山（今龙海太武山或太姥山）；一处立在新安里大峰山（今平和县大溪灵通山），往西直达太平岭（今诏安太平），向北延伸至清宁里卢溪堡（今平和芦溪）。

四是在四境要塞建立堡所。为防禁盗贼突起，陈元光于四境要塞地带建立堡所36个，与四处行台相互联络接应，形成军事保护与防控体系，分别部署兵力戍守。行台和堡所的建立，对于维护社会治安发挥了重要作用。清《云霄厅志》载："（陈元光）乃率众辟地置屯，招徕流亡，营农积粟，通商惠工。奏立行台于四境，时巡逻焉。"他在带领将士巡逻行台堡所时，写下《晓发佛潭桥》等名篇佳作。

这年秋天，一座新城在朝阳辉映和江水拱照下巍然崛起，漳州新城建设终于竣工！人们竞相燃放爆竹、舞龙舞狮隆重庆贺，将士吹奏起中原喜庆鼓乐《破阵乐》，尽兴地舞动着大鼓旒伞等。陈元光看到这种欢乐祥和的情景，即兴喜吟《漳州新城秋宴》。

地险行台壮，天清景幕新。
鸿飞青嶂杳，鹭点碧波真。
风肃天如水，霜高月散银。
婵娟争泼眼，廉洁正成邻。
东涌沧溟玉，西呈翠献珍。
画船拖素练，朱榭映红云。
琥珀杯方酌，鲛绡席未尘。
秦策吹引凤，邹律奏生春。
缥缈纤歌遏，婆娑妙舞神。
会知冥漠处，百怪恼精魂。

望阙谢恩

面对这个圆满的结果，陈元光回顾入闽17年那些烽火沙场和屯垦历程，不禁泪如泉涌。垂拱四年（688年），他呈奏《漳州刺史谢表》：

左玉钤卫翊府左郎将、进阶前正议大夫、岭南行军总管，臣陈元光言：伏奉垂拱四年六月二十九日制，除臣中郎将、右鹰扬卫率府怀化大将军、轻车大都尉、兼朝散大夫、持节漳州诸军事、守漳州刺史、赞治尹、营田长、春官使者。伏以社稷初开，首有官僚之建；皇天眷命，重兹樗栎之材。山川顿改，人物更生。窃念臣州背山面海，旧有蛇豕之区；椎髻卉裳，尽是妖氛之党。治理诚难，抚绥未易。恭惟陛下威震百灵，气消六沴。自东自西，不违于指顾；我疆我理，咸得其区分。民心有系，土俗转淳。觉昨非而今是，必旧去而新更。窃惟治巨室者不用乎条枚，盖明堂者不参于瓦砾。兹遇陛下日月其明，乾坤其量。知臣朴忠有素，寒松不改乎凋年；膂力犹刚，老马或谙于故道。申命曲加，因邮传赐。宠之以二政之隆，畀之以一州之重。虽则殊乡，还同昼锦。光华奚止于一身，爵禄许推于后裔。人皆为荣，臣独知惧。粉身未足报深恩，万死实难酬厚德。已从此日，望阙谢恩。继当恪守诏条，徵庸俊乂，平均徭赋，示以义方。持清净以临民，重修前志；守无私以奉国，再砺于衷。展驽骀之力，申鹰犬之劳。庶荒陬蛮獠，尽沐皇风；率土生灵，备闻斯庆。臣无任感恩陨越之至！

原文大意为：漳州背山面海，过去是蛮獠啸乱之地，治理实在困难，安抚也不容易。如今山川改变容貌，万物获得新生。是皇上您的威严使神灵振作，六气和顺，天下太平。如今乾坤万里，华夏九州，弃掉陋俗，更换新风，民心有所归属，习俗纯正平和。您的光明如同日月，气量如同天地。人们都羡慕我的荣耀，而我却深深地感到戒慎。即使是粉身碎骨、鞠躬尽瘁，又怎能报答皇上的深恩厚德！我除了接旨时仰望宫阙谢恩之外，以后将恭谨地

遵守朝廷法令，征召任用才德出众的人，合理地分派劳役，征收赋税，教导部属和百姓认识为人处世的道德准则，继续追求往日的志向，让百姓过上和平安定的日子。进而振奋精神，廉洁奉公，献身为国，尽自己低劣的才能，为国家奔走效劳。但愿荒野边民，都能沐浴圣上教化；普天下百姓，都能感激您的善心！

从燕翼宫《落成会咏二》所吟“忠勤非一日，箴训要三拈。千古清漳水，居官显孝廉”开始，到《漳州刺史谢表》表达“持清净以临民”“守无私以奉国”的情怀，陈元光的忠君、爱国和亲民思想不断升华。这些诗文，成为极富教育意义的警句格言。诚然，只有行稳致远地恪守本分，坚持廉洁奉公，不惜献身为国，才能报答皇恩。置身南国大地崛起的漳州新城，陈元光北望中原帝州，心潮澎湃，即兴感赋《望阙谢恩》一诗：

御扆褒忠勇，官符再佩箴。
遐陬蒙一体，服马赫遥临。
海岭知天瑞，欢忻荷圣心。
排衙香御脑，应廓撒妖祲。
讲武勤西狩，呼嵩拜北钦。
天颜严咫尺，夙夜敢荒淫。

表面看来，漳州不过是建置于大唐广袤疆域东南海滨的一个新置州，在当时鲜有知名度。而陈元光祖辈原为隋朝降将，有人另眼视之。加上唐朝刺史仅位列四品，算不上达官显贵，以致历代史官无人为他修传。而实际上，陈元光开漳的垂拱四年虽是唐睿宗李旦年号，但朝纲已由武则天操控，一般算是武后年号。在讲求封建正统的过去，武周时期极为敏感。因此，这份呈递给武则天饱含赤胆忠心的倾诉，或许在此后攸关大唐皇朝“正朔”的宫廷政变中触及宫讳，使陈氏父子平蛮开漳的历史事件终究没有被编入正史，陈元光建漳教化的事迹，也未能收进《列传》。甚至唐人张鷟笔记小说《朝野佥载》污蔑“周岭南首领陈元光”杀人宴客，五代人王保定编《唐摭言》也将陈元光列为武后朝“四凶”之一，甚至北宋《太平广记》还将其列为武周酷吏等，无不站在武周反对派立场，秉持所谓正统讥评说事，让重文兴教、化育一方的英雄儒将蒙尘。难怪南宋黄桂在《嘉定清漳志》中，感慨其经历“四百年间漫无可考”，元人张翥也发出“功名不到凌烟阁，读尽丰碑泪欲流”的叹息。

所幸陈元光的开漳勋业早已深植于漳籍百姓心中，口碑谱牒和地方志书言之凿凿。故此，如果排除陈元光身上武周的阴影，民间传说、谱牒资料和地方志书强化了对开漳史事的公正认知，使得后世正统志书才稍有松动。如正德《大明漳州府志》将陈元光编入“唐列传”；《请建州县表》《漳州刺史谢表》载入清董诰、阮元、徐松等奉诏编纂的《钦定全唐文》，并以“陈元光条”收进卷一六四。

大唐漳州的建置，结束了长期以来我国东南边陲的军事对抗和战乱局面，并加强闽南与中原的联系，为这一地区的开拓发展创造了有利条件。汉族的先进生产方式和中原灿烂的文化在这片炎荒之地发扬光大，不仅确保漳州1000多年来不再出现长期分裂局面，而且为其后来成为沿海膏腴之地奠定了根基。

第四章

通商惠工　文化兴漳

陈元光带领军民开垦农田、兴修水利，出现了社会安定、民风淳厚、百业兴旺、民族和融、商贸畅通的升平气象，完成唐王朝对闽粤边陲从军事管控到行政管理的终极目标。

励精图治

陈元光家族入闽，是一次突发状况下有组织的大规模迁徙。唐高宗诏命陈政“相视山原，开屯建堡”“斯誓斯言，爰及苗裔”，严厉而毫无回旋余地。陈元光接班后重视经济建设，既做好长期驻扎准备，又将发展生产作为必备物质条件和可靠后勤保障，执行命令更为坚决。尤其是陈元光就任漳州刺史兼岭南行军总管后，尽显卓越的统帅智慧和施政才能，使漳州进入军事与地方政权双重管理阶段。他在军事、政治、经济和文化上施行一系列重大改革，推动了闽南地区的发展。

其一，在军事上以整军经武为治军要务，实行府兵制管理。规定20～60岁男丁要自备武器、马匹服兵役，按时接受严格的军事训练，传授攻防战术，提高兵员素质，保障充足兵源，锻造强劲战力。陈元光提倡以仁饰吏，执行严明军纪，用兵家惧、惰、骄、慢、怂、奢、贪七戒整饬军风，约束部众，确保队伍战无不胜。他在州内设36个堡和4处行台，为闽南边陲局势安定提供了军事保障。

其二，在政治上强化法治措施，严厉打击豪强劣绅。他推行永徽二年（651年）颁行的《永徽律》，根据“诸化外人同类自相犯者，各依本俗法，异类相犯者，以法律论”的规定，调整和改变过去对南方首领采取笼络为主的羁縻政策。为推动社会秩序安定和民族团结和睦，他采取轻徭薄赋的政策，大力推行均田制和租庸调制，招抚峒蛮流民辟屯建村，并采取免役、免税措施，鼓励和引导少数民族放弃居无定所的游猎生活，从事稳定的农业生产。他还亲自作耕垦良田示范，引进中原先进生产技术，劝导随军将士携眷落籍，共同发展农业生产。

其三，在经济上实施一系列宽赋德政，尤其是解决民族矛盾的重大政策。主要采取以下措施：

一是实行屯田戍边，推行寓兵于农政策。治民之道，首在重农，这是聚民之本。他命司仓卢如金、司田涂本顺等人负责屯田事务，并广纳流民，大规模开垦荒地、种植庄稼和发展生产，推动农业生产持续发展；士兵们“平居则狩猎，有役则战守”，推动火田驻地的开发，解决戍边军需和民众粮食问题，逐步往收兵放马、致力开发的目标迈进。由于闽南历长期战乱，百业凋零、生产落后、民不聊生，人口逃亡严重。陈元光沿用浦南北溪沿岸柳营江畔创建根据地模式，把故绥安、兰水无主地和荒地按人丁平均分配；让军民在漳江下游筑堤围垦、围海造田，与海洋滩涂争地；开拓江东一带大片耕地，吸引闽粤赣边区穷苦农民“负耒耜望九龙江而来”。

二是注重通商惠工，扶助农工，发展经贸。陈元光制定并落实通商惠工政策，率马仁等僚属“剪荆棘，开村落，收散亡，营农积粟，兴贩陶冶”，组织中原能工巧匠指导生产建设，让少数民族掌握铁器牛耕，告别刀耕火种的落后状态。开漳将士来自经济较发达的中原，善于纺织、烧陶、冶铁，多有手工业行家里手。随着农业生产的发展，商贸流通促进了市场繁荣，又相继出现陶业冶矿、制茶榨油、造纸纺织、酿酒制糖等行业分工作坊，填补了闽南地区的手工业空白。海岛滩涂的开发和近海渔盐的经营，也带来渔业、晒盐业的兴盛，实现漳州“财用以阜”。而兴起的造船业，也为拓展海洋通商航运积累了物质条件。

三是拓展水运交通，促进经济文化交往。原来九龙江“水景颇浅，险滩极多，除下游外无水运之便利。上游大石林立，船每失事”。陈元光除了加强漳江航道管理，沿江兴建多处码头外，还命刘珠华兄弟派人学习凿石挖砂技术，疏浚从北溪到龙岩县苦草镇九龙乡（今漳平）雁石溪的航道，开辟漳州北部山区至闽西舟楫交通孔道，确保九龙江上游航线水路畅通。为纪念刘氏兄弟功绩，当地百姓兴建多处三公庙祭祀，形成“九龙三公”崇拜。《漳平县志》云：“航道开拓于唐垂拱三年（687年），其时漳州刺史陈元光开发漳州，遣部将刘珠华、刘珠成、刘珠福兄弟三人，率部沿九龙江上溯疏浚河道直至雁石，以通舟楫。”此举使九龙江全线兴起航运交通业。

圣王陂碑刻

四是兴修陂坝渠道，大力发展水利灌溉。陈元光重视兴修水利，充分利用漳江丰富的水资源，带领军士在上游修建陂坝和引水渠道，实施自流灌溉，改旱稻地为水稻田，使地势较高的荒原旱野喜获灌溉。这一拦河水坝位于漳江火田溪中游，俗称“军陂”“圣王陂”，由拦河滚水坝、引水渠组成。乞丐岭段为明渠，陂仔山段为暗渠。滚水坝为灰石结构，陂首溢流堰长120米，高4米，坝身利用地形修成斜向建筑，平面呈“Z”字形。江心段用河卵石构筑，江边垒砌条石，坝基数处借江中天然巨石加固。陂左引水渠全长4千米，宽2～4米，有500米劈岩凿石而过，导引江水从火田通向七里铺洋。火田军陂早于唐天宝年间福清天宝陂，是福建最早的水利工程，至今仍惠泽千亩良田。唐军筑坝开渠的工程，还有孙坑军陂、军田等。火田东车岭，也以利用“筒车”工具实施灌溉而得名。

火田军陂

其四，在文化上兴办州学，使风俗日趋淳化，文风渐次鼎盛。陈元光坚持“其本在创州县，其要则在兴庠序”，将兴教办学视为“救时之急务”，主张教化治民。为改变辖区文化落后造成诸多陋俗的现状，他推动中原传统岁时节俗落地生根，并广建学府优选良才，重用贤士，辟建松鹫书院于上营驻地岳坑，并特设“文学”职官主持乡校，负责管理漳州文教工作。这一职位由泉潮团练副使、翊府纪室许天正担任，兼司唐军礼乐制度和子弟教育。

许天正博学能文，才华横溢，全力辅佐陈氏父子，参与磋

商定夺军政要务，是陈元光最信赖的助手。他在军政之暇手不释卷，始终以讲学为乐事，军民很佩服其才学。他平乱建漳功不可没，却从不贪功。故陈元光《请置吏表》曾说：“许天正宅心正大，处己无私，可领本州司马”。又赠诗“参军许天正，是用纪邦勋”。许天正提出“以儒饰吏，以勇练士”，平时注重训练和教育军士。他还认为“漳州初建，陋俗尚多，良由职方久废，学校不兴”，倡议于州郊松鞍岭增置乡校，以兴庠序。他开引古义，教化民众遵守中华传统文明礼仪，让他们告别陋习，移风易俗。经过“敦伦开野叟，勤学劝生儒”活动，漳州治区风俗“变椎髻，复伦序”“民风移丑陋，土俗转酝醇”，有了可喜变化。

魏敬洞悉许天正通经史又懂军事，令军中孩子都跟从他学习。陈元光的儿子陈珦年纪虽小，但自幼聪颖，在许天正的执教下进步很快。许天正教诲说：“经史条略，我和你父亲仅一斑之见。得处不在文字，要从文字中细研精微。”陈元光见儿子诗词文赋皆能，又知书明礼、日有所进，觉得无比欣慰：“儿非戈戟士，乃台院秀儒也。”遂作《示子珦》劝勉儿子将来务须忠心事君、兴学重教、勤政爱民，切莫虚度光阴；同时告诫要注意农时、督促耕作。他既畅谈自身经历与责任，又对儿子勤加劝示，成为身教重于言教的典范。

恩衔枫陛渥，策向桂渊弘。
载笔沿儒习，持弓缵祖风。
祛灾剿猛虎，溥德翊飞龙。
日阅书开士，星言驾勤农。
勤劳思国命，戏谑逐时空。

百粤雾纷满，诸戎泽普通。

愿言加壮努，勿坐鬓霜蓬。

由于陈元光治漳方略施行得力，决策落地生根，政令措施畅通，对闽南地区的开发起到示范带动作用，从而在短时间内促进了漳州经济繁荣发展。民国《云霄县志·名宦传》载：“由是北距泉兴，南逾潮惠，西抵汀赣，东接诸岛屿，方数千里无烽火之惊，号称乐土。”

发展边贸

清《漳浦县志》称：“八都有绥安溪，即县故址也。”此地水利条件较好，有多处适宜对外航运的天然港澳，古泉州边邑自由贸易兴起。经过陈元光十多年治理，平原粮食连年丰收，山区水果、竹木生产及加工业发展，手工业初具规模。江海捕捞、晒盐、造船方兴未艾，农产品、海产品、手工业品琳琅满目，坐商走贩人来人往。安仁集镇一跃成为闽南政治、军事和商业中心。造船与水运诸业，带动边陲经济兴起，已呈现政治清明、社会安定和百业甫兴的繁荣景象，为即将设立的地方行政管理注入活力。

由于地方军事化管制明显，行政区域管理未能实际到位，这一边陲古镇的商品交易，仍处于自由贸易阶段。为解决手工业者的生产生活需要，陈元光把军中积贮的粮食，通过商业渠道出售给从事工商业的农户，还鼓励“治陶埴，通商贾”，对工商业者给予优惠照顾，使治区发展成初具规模的市集。近海民众多从事晒盐、造船，内地民众则从事制茶、烧瓷、制陶和织染，贸易促进民间商品经济交流互动。西林土城也“渐成商业重镇。坐商、行旅、摊贩聚集一起，每日正午击鼓开市，日落鸣钲收市。经营的货物繁多，农产品、畜产品、手工业品应有尽有”。如陶瓷诸器既适合民生日用，也可用于出口创收。

受朝廷朝贡政策的影响，加上处于传统商旅要道和海运结点，安仁集镇吸引了不少涉洋番商不辞辛苦地来往交易，或有番邦使者经此北上朝贡。据当地谱牒载，当时“闽粤之间，乌夷斯杂”。海外船只和外国商人的集市贸易，打造了“市井十洲人”奇观。来自波斯湾的番船也取道海上丝绸之路，即经红海进印度洋，穿越马六甲海峡和广东沿海，循古绥安溪漳江口前来自由贸易。

古泉州边邑地热资源丰富，盛产温泉。农田旷野泉眼出水处，不时蒸冒烟汽，蔚为大观。而“火田”之谓，据称来自“刀耕火种”，但与特有热能渗出地表不无关联。嗣圣元年（684年），有番商往来轶事载入地方志。如清代《漳浦县志》称：“温源溪在县西南八都境。两泉并出，一微暖，一极热，合流南入县前溪。《图经》云：唐嗣圣间，胡商康没遮经此，将浴，投十钱其中，泉为涨溢，浴毕澄止。”

火田温源溪

《图经》即《漳州图经序》，作者吴与（字可权）是北宋云霄藏书家，曾任奉议郎、潮州通判，为文求实，言简意赅，既记载始置古漳州方位和境域变化，也彪炳陈元光将军等历史人物。这则珍贵史料，记载嗣圣元年，有中东商人康没遮来闽南经商，曾在陈元光屯兵核心区域温源溪沐浴温泉。根据当时的航运交通状况，他极可能从广州搭船而来。

随着番商往来频繁，云山兴起本地商人出售陶瓷、兽皮，外商贩卖珠宝、香药和鲨鱼皮的自由市集。《大明漳州府志》称："初唐建州，自常赋外，仅贡鲛皮、甲香而已"，数量为"贡鲛鱼皮二十张，甲香五斤"。这说明当时安仁集镇"乌夷斯杂"，航道通畅。从陈元光《落成会咏》"山畲遥猎虎，海舶近通盐"可知，他治下的漳江造船航运业已很发达，漳江与九龙江都通连海外。此后，香药变为漳州土特产，鲨鱼皮亦成为漳州主要贡品。漳州陶瓷业的兴起，逐渐开启丝瓷外销之路，使漳水云山不断成为边陲商贸的"清漳重镇"。

明云霄城题匾"清漳重镇"

和融民族

漳州建置初期，只有几千户可以控制的农业户口，尚有不可计数的少数民族仍生活于山区。定居农业人口与游动生产的少数

民族，为争夺生存空间经常发生冲突，结果定居民众占据沿江沿海一带，而少数民族控制山区腹地。经济发展是解决生存问题的关键，然而陈元光深知，制定民族政策、改善民族关系、缓和族群矛盾，是平乱建设和主政漳州必须迈过的坎。要想摆脱落后，应以教化治民为本。平息少数民族反抗情绪和维持地区长治久安，只有采取威惠并施的策略。为此，他立足于经济发展、文化进步和社会安宁，制定一系列旨在促进少数民族生产、生活稳定的措施，逐步消弭水火不容的民族矛盾，巩固和发展已开发的根据地。

陈元光一面兴兵革之威，惩处啸乱首恶，一面加强“唐化”，推行怀柔政策，对愿意归顺者招抚安顿，施行教化，实现民族团结、和融共处的初衷。他在火田驻地创下规模更大、设施配套更完善的“唐化里”，吸纳少数民族下山定居，让他们区划自治、乡约管治和自我约束，并教会他们使用犁耙、镰刀等农具，帮助解决耕牛、农具、种子等困难；发动开挖渠道，引水灌溉，改旱地为水稻田，改进耕作习惯。对于星散深山老林中的少数民族，派人入山传授农业生产技术，让他们摆脱原始生活方式，将荒凉山区建成聚居耕作村落。对于居住西北部诸峒少数民族，“开山取道，剪除荆棘，遣士人诱而化之”。在陈元光的带动下，通往西北峒寨和潮州的道路得到拓展，交通得以改善。原来“苗人散处之乡”，逐渐形成各族交错而居的地区。

陈元光认为“善政在于养民，养民在于宽赋”，推行租庸调法，允许“输庸代役”，让各族农民平等地拥有劳动自由权利。对于接受安抚归附的少数民族，进一步编图录籍，“日将山獠化编民”，初期仍让其“不役不税”，确保生活居住安定，鼓励他们从事农业之余作行商走贩，通过发展手工业获得生产生活上的实在利益。

陈元光画像

陈元光按周公《礼记》“男有份，女有归”的原则处理民族融合，倡导汉族军士与少数民族通婚结亲。闽南经过长期战乱，少数民族男子多战死或逃亡，致使女多于男；而开漳府兵长期戍守边陲，多数成为胡子兵，因而到处有怨女旷男存在。为使军民乐业安居和人口繁衍，从根本上化解民族矛盾，促进民族融合，陈元光接受祖母魏敬建议，从安定大局出发制定开明政策，提倡各族相互婚配，鼓励将士及子女跟少数民族和亲联姻，从血缘亲情方面更有力地维系长久的民族团结。为此，陈元光大胆改革婚俗，规定凡战乱丧偶的鳏寡者，无须守孝三秋，准许于“对年”后即可举办婚嫁，不遗怨妇鳏夫。作为纪念前夫或前妇的象征意义，预祝白头偕老、终生不离不弃，他首创新郎新娘内衣裤白色、外礼服红色的特殊“里白外红”服饰。结婚时新郎、新娘内着白色衣裤举行婚礼，以后长期保留，直到夫妇谢世入殓才予以穿上。这一善举，打破少数民族不与外人通婚的传统，也逐渐消除固有的种族矛盾，使各族和睦相处。

魏敬以慈母之心规范治家、关爱将士和凝聚团队。当她发现娘子寨主娘惠仙对李伯瑶情有独钟时，就亲自为其保媒主婚，促成美满姻缘。这段跨民族的结婚通好，在军民中起到身体力行、率先垂范的作用，宣传了民族融合政策。汉族风俗习惯直接而有益地影响少数民族，不仅解决怨女旷男的社会问题，也抚平心理创伤，让各族渐少仇隙。各地少数民族纷纷归附，与汉人和睦共居。正是采取以唐廷恩惠感化、以先进文化开化的有效措施，在民族融合中，少数民族的政治意识、经济意识和文化意识逐渐趋同于汉人，使“化蛮獠之俗为冠带之伦”成为现实。

在陈元光的统筹下，各族民众一起开发富饶土地，民族隔阂逐渐消失。自此，“胡越百家，愈无罅隙”，充分享受数十年时间的安居发展，成为同甘苦共命运的民族兄弟。闽粤地区各族融合，使漳州一时人口大增。陈元光《侯夜行师七唱》生动地描述开漳诸姓与少数民族友好相处、联姻婚配和繁衍生息的动人情景。诗曰：

魏母咸亨奉敕文，府兵云众成营屯。
屹然一镇云霄末，渐尔群言花柳春。
男生女长通蕃息，五十八氏交为婚。
火田黄稻俱甘旨，网水金鱼洽醉醺。
寇戎不测纷如雪，甲胄何时不出门。
夜祝天皇弘德泽，日将山獠化编民。
一声谯鼓月初出，戍楼西北望皇阍。

陈元光注重推动中原文化南传，也尊重少数民族崇拜鬼神、崇尚巫祝的信仰习惯。他记得祖母从光州带来观音像随时供奉于

西林五通庙

军营，后在屯军处设坛礼祀护佑军民。上元元年（674年），父亲陈政于下营驻地建寺供奉，称“开士寺”“大士寺”，大殿两侧辟元辰门、首祚门，成为后来漳州开元寺前身。笃信佛教的祖母在建州大局初定后，倡议每年农历七月间，以佛家礼仪举办“盂兰盆会”，超度战乱丧生的亡灵，尤其是阵亡将士灵魂，得到他的支持并推广。全境各户于祭桌摆满牲醴、瓜果糕饼等供品，插上军旗形状的纸旗，书写“国泰民安”“风调雨顺”等吉语，延请僧侣摇铃诵经祈福，俗称“中元节”“做普度”。

他还记得，父亲入闽南后，择定少数民族聚居地西林村作中营驻地。村头南侧的巍峨建筑，是原来少数民族所建的民间淫祠。庙内覆盆式柱础粗糙古朴，石梭柱镌盘、蓝、雷氏捐舍字样。考虑到当时人去庙空，父亲叮嘱他将随军携带的汉代治军名将“广平尊王”周亚夫分灵奉祀于庙中。后来他倡议按中原礼俗，每年农历正月十八、十九日，让军民备办牲醴祭拜并延戏娱

神，新婚和添丁者更要做面龟祭拜祈福。《云霄厅志》卷一六引《和邑志》载："盘、蓝、雷氏系陈玉钤所征蛮獠。庙柱为蛮獠所舍，则建庙必在开屯之先。云霄宫庙惟此最古。"

在中原佛教、民间信俗、节日民俗和礼仪祭俗传入闽南的多种渠道中，将士的军眷也成为衍播推广的一个重要路径，在福建佛教、民间信仰史上具有举足轻重的影响和示范作用。中原府兵带来的楚文化强势南渐，并合流闽越民俗传承于滨海闽漳，熔铸了闽南人的中原血性、楚越柔肠和海洋特质，为形成开疆拓土、爱拼敢赢的多元人文性格留下注脚。

经过近40年的开发建设，南疆阡陌纵横，良田沃野，仓廪充足；各族和谐共处，民风转淳，百业兴旺。海僻边隅"蛇豕之区"变成"方数千里，无桴鼓之惊""杂卉三冬绿，嘉禾两度新"的富饶宝地。随着乡校书院的创办，中原文化和伦理道德得到传播，漳州社会进步日新月异，迈入封建文明的发展阶段，终于完成了真正意义上的汉越和融，成为人才辈出的"海滨邹鲁""南域乐土"。从唐中后期到宋初，漳州就与福建其他地区同步发展，实现了中央政权对闽粤边陲有效管理目标，陈元光也就被誉为推进中原文明与楚越文化融合的奠基者。

半径将军

垂拱四年（688年），录事参军、漳州司马沈世纪积劳成疾，以忠勇之躯在南诏堡镇所走完凛然威武的戎马生涯，享年68岁。魏敬在孙子和将士们的陪伴下，已将进入百岁老人之列。

陈元光《忆姥》吟道：“承天匡正入不毛，霑沐甘露功方成。腊日姥示声犹响，江山依旧巾帼无。”转眼到天授二年（691年）五月，魏敬回想一生随军旅奔波劳碌，始终为守望家园牵肠挂肚，如今看到州治创建、拓城开衙和獠氛日远，尤其是孙子陈元光事业有成、曾孙陈珦学业日进，倍感欣慰。她自觉举族南来已有建树，不负圣上所托，无愧皇恩浩荡。但修道信佛的她深信生命轮回，估计大限不远矣。

端午节那天，魏敬预知行将寿终正寝，心中叹道：“三子俱亡，不意一孙克集功业，门祚将光大于南矣！吾年止。”她开镜整理端容，命婢从沐浴整衣，然后设宴邀集僚佐入席。待饮宴终场，她欣然仙逝，享寿93岁。陈府和将士为之哀痛。陈元光一面奏报朝廷，讣告闽粤各州诸官员和亲友，一面命将士协办丧事。各地官员闻耗，纷纷前来吊唁；漳潮百姓自发结队为其送行。如意元年（692年）五月初五，陈元光竭尽孝道，卜葬祖母灵柩于云霄竹塔仙人亭峰半径山东南麓，隔漳江面朝梁山玉女峰。

魏敬是一位心系社稷、顾全大局的巾帼英杰，又是信念坚定、敢于担当的开漳祖母。她为开发闽漳、和融民族、传播文明作出的贡献福泽百姓，深受爱戴。许天正《开国元勋陈克耕夫人魏氏墓志》赞曰：“庶睹今为古者，知魏母艰辛岭南，寿颐贞德也!”武后赐谥

魏妈神道碑

“倜傥”，意为壮勇威武、胸襟宽厚和庄敬谨慎。陈元光由祖母带大，在她启蒙教诲下学文习武，成长成才。殡葬事毕，陈元光将军政事务全盘托付许天正处置，自己以支孙承重，结庐于墓左守孝3年，报祖母慈恩。陈元光回忆祖母亲援解九龙山之围、协助创建州县的不世业绩，尤其在规范教育子孙、整肃门庭家风诸项付出更多，抒笔写下《半径庐居语父老》《半径寻真》《太母魏氏半径题石》《候夜行师七唱》4首感人肺腑的五言诗篇，表达深切的缅怀之情，洋溢着孝敬甚笃、至性至情的儒家忠孝思想。

宋绍兴二十年（1151年）正月十二日，宋高宗追封魏敬为“济顺嘉淑夫人”。依山为陵的魏氏墓域范围较大，今墓上建筑虽已湮没，但江畔田畴矗立神道碑一通，阴刻楷书“有唐开国元勋夫人陈太祖母魏氏神道”。墓侧不远处，有2002年由马来西亚皇家拿督、华人陈良民捐建的纪念堂，后改建为魏妈庙和魏妈文化园。大殿悬匾“巾帼英杰”“慈晖永照”，分别为中国国民党元老陈立夫、连战敬题。云霄华庙、威惠庙、将军庙、燕翼宫、陈岱圣王庙均塑像祀奉。

陈立夫题“巾帼英杰”

连战题“慈晖永照”

这位“漳台祖慈”，是海内外漳籍子民心中的一座历史丰碑。

陈元光是卓有成就的初唐南国诗人，又是忠于君国、孝于长辈的恭顺孝子。庐墓半径日久，人们为其忠孝节义而动容，尊称他“半径将军”。陈元光守制的3年内，勘察分布于仙人峰的多处“仙字”，并在《太母魏氏半径题石》《半径寻真》留下史上最早吟咏史前岩画的“乔岳标仙迹”“半径寻仙迹”等诗句。这首《半径寻真》收录于康熙《漳浦县志》和《全唐诗续补遗》。

陈元光守丧期满后返回州衙，继续恪尽职守地处理军政事务。他经常到四境行台哨所巡察，调研辖区防卫情况，时而深入乡间地头了解社情民意，关心百姓生产生活。经过他多年的辛勤努力，屯田戍边、生产建设等军政事务基本走上正轨。陈元光便抽空梳理积累了数十年的军事思想和诗赋作品，结集为《兵法射诀》《龙湖集》等。可惜《兵法射诀》佚失，仅存的《龙湖集》被视为全国最早的唐代诗作遗篇之一。清乾隆御制《全唐诗》《全唐诗外编》收有7首，其中《全唐诗》收录《落成会咏》《示子珦》《太母魏氏半径题石》3首；《潮州诗萃》收录其排律诗3首。民国《陈氏族谱》《颍川陈氏族谱》等，载其诗集称《龙湖集》或《玉钤集》，共有五言、七言排律诗50首。

陈元光《龙湖集》

福建省雲霄威惠祖廟惠存
澤臺聖宗
台灣省台北市內湖區北勢湖
永天宮管理委員會
主任委員劉昌輝
總幹事黃明傳 仝敬立
公元一九九二年進香團

第五章

功弘唐史 庙祀千秋

闽粤大规模啸乱平息后，潮州一带残寇复起，陈元光率轻骑御敌，战死沙场，漳州举城哀悼。陈元光之子陈珦率部众彻底肃清动乱根源。其子孙承继大业，两迁州治，也为漳州繁荣发展立下承先启后的功劳。

岳山殉国

时光流逝如白驹过隙，悄无声息间已阅景龙三年（709年）。此时，53岁的陈元光在东南边陲度过40个春秋。他经历闽南粤东风餐露宿、浴血奋战的戎马生涯，也经历漳州初创前夕披荆斩棘、筚路蓝缕的艰辛岁月。伯父、堂兄、父母、祖母等亲人和心腹将佐先后辞世，给他带来难以平复的悲伤。集军政事务于一身的陈元光常觉得体力不支，许多要事难事需要处理，许多小事琐事纠缠于身，让他心力交瘁。

他回想陈家军当年南徙穷僻荒远，本来就含有功之将受贬调职的意味。但为了国家，举族上下没有消沉颓丧，而是卧薪尝胆，甘心扎根于陌生而遥远的闽南，拓荒定业。他又在潮州刺史常怀德的倚重下，入潮击败流寇而立功受封，深受朝廷信任。在奏请建置漳州如愿以偿之际，将士们有了“变家为郡”的感觉。如今朝中李氏与武氏内斗纷争此起彼伏，王朝政权频繁更替，难免出现唯恐陈家东山再起、坐大边地的不和谐声音。加上他营葬先父于将军山、日夜躬督造坟时，有望气者向他直言，盛赞茔域“有王气”，从而炮制“后代必出九五之尊，成就帝王大业”的不合时宜的言论。当时陈元光猛听此言后暗吃一惊，愣了半天才厉声回应道：“何出此言？吾为臣子，焉敢当此！”他知晓此事如果传到朝廷，倘有朝臣搬弄是非，极可能加重皇帝的疑虑，致自身于百口莫辩的境地，随即找来替补蔡允恭驻防大峰山的营将，命其再造狮子峰顶衣冠冢。然后避开“正穴”的王气，改用

“偏穴”妥葬父母灵柩。他以忠君之心和忠臣之举，巧妙地用迁葬避嫌，对外达到以正视听的效果。诸多困扰下，陈元光对夫人种沉说：“朝中屡现杂音。我已过天命之年，若再身兼数职，只恐力不从心矣！”夫人也晓以利弊，劝他及时引退。

陈元光向其亲家、司仓司户参军卢如金及许天正、马仁、李伯瑶等部属表达挂冠致仕的心意，委婉地表示趁战事暂息，自己准备梳理诗文。卢如金等人一再禀劝挽留，无奈他去意已决，只好顺其心愿。陈元光上表陈情恳求引退，并决定在朝廷恩准前，将州中事务暂托卢如金、许天正代理，自己前往半径山庐墓处静心休整，以远离尘嚣和调节思绪，整理完善诗赋文集。考虑到陈元光孤身前往不太稳妥，许天正唤来马仁，嘱他派十多名卫士随侍于侧照顾起居，确保州主安全。

闽粤边陲啸乱平息后，潮州凤凰山蛮獠势力犹存。岭南一带社会动荡虽有改善，但未能根除，即便“元恶既诛”，也可能随时“余凶复起”。果然，祸乱策源地烽火重燃。永隆二年（681年）夏潮州城那场鏖战，蛮酋苗自成、雷万兴被诛，蓝奉高负伤突围逃匿凤凰山，已在峒村颜面尽失。他看雷万兴之子雷成、苗自成之子朱艾长大，不时向他们灌输对“杀父仇人”陈元光有不共戴天之仇，还不顾年事已高，一面自己苦练武功，一面传授他们武艺。如今30年过去了，蓝奉高仍耿耿于怀，伺机报仇。他加紧收兵买马，但在当时情势下难以募集到更多的兵丁，身边的手下亦不足百人。当他得知陈元光决意引退，身边只带几名随从，漳州行政长官尚未配至，便开始为复仇磨刀霍霍。

景云二年（711年）九月十四日，蓝奉高与雷成、朱艾带领

近百名人马趁月色掩护潜入岳山，准备偷袭漳州。南诏堡戍兵发现一支可疑人马越过闽粤交界，往漳州方向奔驰而去，立即上报守将。待信差赶到州署报警，恰遇卢如金、许天正巡视松洲堡未归。府兵校尉张伯纪未敢擅自做主，一面差人快马飞驰松洲堡禀报卢如金和许天正，一面派传令兵赶往半径山提醒陈元光戒备，自己留守西林待命。陈元光在半径山接到警讯，立即披挂上搁置多年的盔甲和长枪，率卫士轻骑出击。临行时交代传令兵速回州署，待许天正回城马上接应。由于事发突然，陈元光并不了解敌情，仓促间犯下轻师御敌的兵家大忌，给漳州造成无可挽回的损失。

陈元光率卫士赶到火田拜岳山，与蓝奉高人马猝然相遇。蓝奉高等人忌惮陈元光的剑法和枪法，自忖明斗难以取胜，便让蛮兵于拜岳山官道东侧挖好陷阱。双方刚一交战，蓝奉高、朱艾、雷成等佯装不敌，不断往设陷方位撤退。驻守古楼的马仁飞

云霄拜岳山

马赶来，月色下发现对方使诈，已来不及提醒，只得寻迹厉声大喊“小心！”陈元光猝不及防，连人带马落入陷阱，伏兵急忙上前围砍，劈伤其颈背。乘马受惊吓猛然跃起，驮着主人循旧途过溪，往大峙原飞驰而去。马仁急切中赶到，也跌落陷阱，被伏兵砍伤多处，仍举刀奋蹄猛烈地冲杀。蛮兵蜂拥而来，斩落马仁头颅。但见他身体仍直立马上，顿时震撼和惊吓不已。是日，遂成马仁忌日或归神诞日。

台南马公庙马仁神像

远处人喊马嘶，一片火光急促地赶来。蓝奉高见大队人马寻将而至，一时惊慌失措，不敢恋战，仓促中急召蛮兵遁入山林，取间道撤回凤凰山老巢。卢如金、许天正、李伯瑶等惊见马仁壮烈赴难，查看其黝黑吐目的脸上，仍作张口喊叫状，忙命手下妥善处理头颅尸身，同时查明陈元光去向，火速循大峙原方向搜救。直到天将拂晓，才在拜岳山珍珠坂对面山坳间救回身受重伤、伏坐鞍上的陈元光，此处因称“陈坑”。十一月初五午时，陈元光因伤势过重，医药难以回天，殉职于州城。

梁山落泪，漳江呜咽！陈元光遭蛮酋偷袭不治身亡的噩耗，让漳州军民如丧慈父，肝胆欲裂，无不裹素举哀。卢如金随即奏疏朝廷，并分头讣告泉、潮、循各州。潮州刺史常怀德、循州司马高琁、龙溪县令席宏等闻耗，赶来停柩台灵前吊唁；泉州刺史

曹炳亨因途远不便，差使送来挽联“平乱戍边立丰功，儒雅风流亦总戎”。亲眷们恪尽孝道，择吉安葬陈元光于大峙原之巅，搭盖小屋于墓左，陪年仅10岁的陈珦为父守制。民众在大峙原下建立祠庙，捏像而祀，深切地表达追思和崇敬之情。明户部左侍郎吴原访谒陈元光旧墓，写下“伊昔勤王殒厥身，千秋高冢卧麒麟”诗句。

陈元光原葬墓

陈元光为国捐躯的消息奏抵长安，太极元年（712年）正月十五日，睿宗李旦颁诏封陈元光“豹韬卫镇军大将军兼光禄大夫、中书左丞临漳侯”，追谥“忠毅文惠”。诏云：

故左郎将右鹰扬卫率府大将军、轻车大都尉兼朝散大夫、持节漳州诸军事、守漳州刺史、赞治尹、营田长、春官使者，进阶正议大夫、岭南行军总管陈元光者……阐厥乃心，爰图至治，环甲缮兵，积有三十四年之苦；建邦启士，治垂二十五载之平。知人善任使，简士悉忠良。岂期讨贼遂陷非辜，死既为于纲常，崇德报功，恩当隆乎恤典，用加徽号，少慰忠魂。且夫以身殉国之谓忠，战胜攻取之谓毅，引荐善类文之谓也，普播仁恩惠之谓也。赠豹韬镇军大将军，兼光禄大夫、中书左丞、临漳侯，谥曰忠毅文惠。

九月初十，陈元光夫人种沉因悲伤过度而病卒，享年57岁。次年八月初九，妾室宋白亦去世，终年39岁。全家举哀恸哭，感喟父母厚德、慈怀和高义。种氏生女怀珠、子陈珦；侧室宁氏为合浦石康判军宁子贤之女，生女怀玉；宋氏系泉州石井镇戍参军宋尚德次女，生女怀金，与怀玉同龄。

首迁州县

陈元光征讨叛乱分子阵亡，激起唐军同仇敌忾。是时，因陈珦年幼不视事，朝廷正式颁赐“金书铁券”，特委司仓司户参军卢如金代理刺史，成为漳州第二任刺史。卢如金曾获陈元光“用意精深，勤于职务”的好评。开元二年（714年），陈珦为父母守孝期满。唐玄宗李隆基仍按父死子继的血统关系，诏赠陈元光嫡子陈珦承袭其父相应封爵。但漳州已建置，就不再授予岭南行军总管一职。因“唐之所谓爵士，只是虚名，且无承袭”，陈珦继承的只是虚衔，并不世袭爵俸，州事仍由卢如金主持。

闽南地近岭南，岭高水寒，山川盘结，多雨潮湿，气候炎热。深山老林间湿热环境瘴气郁蒸，极易滋生蚊虫。开元四年（716年）春，阴雨不断，饱含湿热的瘴疠笼罩于梁山四周，漳州所在地瘟疫流行。这场从天而降的灾祸，严重威胁着漳州城内外民众的生存。疫区一天病死者十几人，最多时达数十人。恸哭声不绝于耳，送葬者不绝于道。瘴疟造成大量人口流亡，导致万户萧疏、田地荒芜。

一天，天刚微亮，地方耆老余恭讷等人敲开州衙大门。余恭讷对刺史卢如金说："这里地近岭南，山高路障，瘴气流毒，满目凄凉，已不宜为州治久居。"卢如金颇有同感，便征询诸位意见。随后他们议论起来，纷纷建议说："梁山岭北好景山之麓李澳川，可作长驻之居。"卢如金认为老人们言之有理，便找来许天正商讨决断。但为慎重起见，他亲自带故少主陈珦到李澳川观察地形。

李澳川地处漳州南北古道的交通枢纽，与九龙江下游平原毗邻。东南有鹿溪经九十九曲弯迂回汇归大海，确实对拓展城镇空间、促进漳州经济发展和商贸文化交流十分有利。卢如金采

漳浦威惠庙

纳余恭讷等人意见，作出迁徙州县的重大决定，旋上表章请疏朝廷，很快获准并实施。为稳定地方，朝廷还追封陈元光为“颍川侯”，并诏立庙，赐乐器祭器，以旌表首任刺史开疆辟土的卓越勋劳。随后，军民择址在新建州城西西宸岭创建文惠颍川侯庙，建“盛德世祀之坊”。直到宋政和三年（1113年），才易名威惠庙，俗称西庙。

自漳州和漳浦县治所从安仁乡北迁至李澳川后，于梁山南麓故绥安县地安仁乡兴起，曾经荣耀一时的原漳州、漳浦县城逐渐沦为剥蚀颓废的弃城。鉴于绥安有安定美好的寓意，加上军民怀念故地，李澳川新城也就沿用了绥安这一地名，成为当今漳浦县城绥安镇的前身。

陈珦剿逆

再说蛮酋蓝奉高、朱艾、雷成等逃回凤凰山后，得知陈元光去世，大喜过望。他们认为，如今漳州刺史卢如金、别驾许天正及开漳军校多年迈体衰，已然自顾不暇而无力援粤，即暗自募员练兵，积蓄力量，企图发起反扑。开元六年（718年）秋，蓝奉高纠集4000多名蛮兵流寇，对潮州城发起猛烈攻势。顿时，一场血雨腥风笼罩着这座日渐繁华的古城。因守城兵力有限，无法应对四面围攻。在潮军寡不敌众之际，刺史常怀德不得已率众撤离，蕉都尉在殿后时中箭阵亡。蛮兵攻袭入城，大肆烧杀掠夺，城内民众又一次蒙受巨大灾难。

常怀德撤退后，派亲兵快马赶往漳州向刺史卢如金求援。

卢如金闻变大惊。他本想先替陈珦打理好州中事务，待军事实力增强、少主羽翼丰满后，再推荐他接班并出师潮州，协助潮兵奔袭蛮峒剿灭酋首，并寻机擒杀蓝奉高。卢如金得报后，也容不得多想，马上修书回复常怀德，将于近日驰援潮州。警讯传来，国仇家恨缠身、日夜寻思杀敌报仇的陈珦忍无可忍，马上登门请缨，恳求亲家长辈卢如金，让他率兵进军潮州。此时陈珦刚袭爵位，虽未视事，但已长成17岁的英俊小伙了。卢如金担心他出现意外，便召集许天正和诸将商议，就如何通过援助潮州彻底消除寇患达成共识。大家还认为，原来南下平乱的营将、校尉多已年迈，不少人已告老归休。此次出征可以采用比武选将方式，让陈珦等少年英杰在战地中历练成长、脱颖而出。

第二天，数十名青年将官聚集于李澳川点校场区比武。除了陈元光长女怀珠、女婿卢伯道，马仁的弟弟马英等人年纪稍长，其他人如陈元光次女怀玉、季女怀金和戴君胄等，都是十五六岁的年纪，大家跃跃欲试，踊跃参加比武。经一番比试，陈怀玉、陈怀金、戴君胄崭露头角，于是出征将帅即已敲定。少主陈珦挂帅，卢如金也决定随同督征。

天刚破晓，在许天正等留守将官的目送下，陈怀玉、陈怀珠为一路先锋，卢伯道、戴君胄为二路先锋，各率领3000兵马；卢如金、陈珦带领2000兵马作为中军，挥师向潮州城挺进。经长途奔袭，一路先锋先至潮州城外与蛮兵厮杀。经几个回合，蛮将雷魁战殁，众蛮兵溃退入城闭门死守。次日，二路先锋也抵达潮州城外，与一路先锋会合。两支劲旅同时攻城，蛮首蓝奉高出城迎战，但毕竟年老体衰，气力不支，厮杀中露出破绽而受伤。见陈珦率中军赶来，与两路前锋会合，蓝奉高匆忙率众败退城中，闭门不敢应战。守城蛮兵见大批人马大张旗鼓地杀将而来，顿时惊慌失措，只得布防固守。陈珦一时找不到破城之法，临时扎营于北城门外。他找来几位先锋将领商量，并征询卢如金意见，决定派戴君胄、林章、涂本顺等10人乔装为商人、渔民和樵夫，混入城里做内应，约定次日三更攻城。

边陲重镇潮州果然城高墙厚，戒备森严。虽然并未实行宵禁，但关口设卡盘查很严。但凡夜里进城之人被搜出任何武器，即时绑捕不贷。戴君胄等人经过巧妙装扮，借机夹杂于进出城的民众之中，躲过蛮兵岗哨的盘查进入城内。子时已过，夜色死寂，寒风凛冽，落叶萍飘。戴君胄等勇将连施奇计，拔掉困守多日、濒临崩溃的哨兵，打开城门。驻守北城门外的大军杀声大作，随即强势攻城。经几番厮杀，唐军很快包围城内蛮营，攻破潮州城。众蛮兵见状，纷纷缴械归顺。蓝奉高、雷成、朱艾见大势已去，带十多名亲信夺西门逃之夭夭，径往老巢凤凰山而去。

凤凰山系粤东第一高峰，位于潮州城北30多公里外，是畲族的发源地和聚居地。山势嵯峨挺拔，主峰凤鸟髻海拔 1497.8米，素有“潮汕屋脊”之称。陈珦、陈怀玉等人得知蓝奉高、雷成、朱艾逃脱，即夜率部众突袭凤凰山石鼓坪村一带蛮峒，并押解俘虏追至山洞觅得仇人。蓝奉高梦中惊起，忙乱中被陈珦砍杀，割取首级。兄妹联手再入山林，斩杀雷成、朱艾，并俘获余党。至此，漳潮地区社会动乱的根源被彻底肃清。

陈怀玉在平潮剿寇中受了箭伤。开元六年（718年）十二月十二日，这位粉妆玉琢、孝顺纯洁，年仅15岁的陈元光次女芳华

早逝，初葬于云霄镇中营山麓，贞元五年（789年）改葬龙溪瑞泉里鹧鸪山。宋绍兴二十年（1151年），封“柔懿应济夫人”；宝庆二年（1226年），封“益恭辅德夫人”，配祀于开漳圣王陈元光庙堂，是为两岸同尊的“玉二妈”。其妹陈怀金后来嫁给领兵校尉、司仓参军、郡马副元帅戴君胄。

陈珦兴学

陈珦平乱，领诸将凯旋返驻漳州，全城欢天喜地。但经过迁州与肃敌劳顿，许天正已经积劳成疾。开元六年（718年）十一月二十六日，许天正与世长辞，享寿70岁。全州官员和将士掩面痛哭，泉潮两州官员也前来吊唁。唐玄宗闻讯，诰赠殿前都太尉。卢如金按照朝廷规制，厚葬许天正于漳州香州马栏桥头（今浦南镇诗朋村南），祀名宦祠。后有四门博士欧阳詹撰写墓铭；宋绍兴二十年（1151年），朝廷追论前功，加封翊忠昭应侯。

陈珦（702—742）又名朝拱，字朝佩，号伯珙，又号迂斋。他自幼聪慧，7岁受学于许天正，对恩师感情至深。此时陈珦只有17岁，未及受命自主州事，但一直在许天正看顾下成长。亲家公卢如金也不时厚加关怀，使他不断成熟。许天正入闽辅弼陈政、陈元光父子开漳建漳，筹划军政大事，充任重要副手。他尤其重视文化教育，用儒家礼乐训诲士民军卒，以兴办学校、改造社会习俗为要务。陈珦承袭父亲爵位后，许天正尽心辅助，希望他能早日亲营州事。陈许两家既忠于公务又笃于私谊，人称“翰墨世家至交”。

在唐朝世袭制日趋式微的大背景下，置身边陲的陈珦继承先辈和恩师遗志，不羡浮华，不图虚荣，带着文人风骨刻苦攻读。开元十九年（731年），陈珦参加辛未科明经及第，与状元王维同榜，初授翰林承旨直学士，成为漳州首位京考上榜的年轻学子。但他风格卓尔不群，根本无意仕途，而是热衷于聚徒教授、传道解惑，传播儒家经典。陈珦心系漳州父老，初次上疏婉辞封爵不允，再以多病体弱辞职又不允，三疏乞归养才获准。卢如金考虑到原来由许天正兼办的“文学”未能物色到合适人选，刚好陈珦放弃仕途返漳，便让他接任，兼职主持乡校。这种以学者为职业的工作，正是陈珦平生之所求，于是他欣然接受，很快进入角色。

陈珦首期招收生徒 40人，亲自讲学授课，与士民论说典故，发扬光大恩师许天正的渊博知识和读书方法，导士民于礼乐，开士子之茅塞。他融孔子“文、行、忠、信”为一体，言传身教，

松洲书院

推行科举制度，改变以往“海滨世无仕进者”的落后面貌，培育出漳州首批读书人。陈珦生动精辟的讲学，吸引邻邑泉属龙溪县及四方文士汇聚而来。龙溪县令席宏慕名造访，聘请陈珦游学乡校任教席。许多官宦士民子弟习先贤之德，效历史之法，究治国之道，走上科举考试的道路。松洲书院始建于景龙二年（708年），陈珦执教后启益风教，尤其重视义理教育和穷理修身，提倡论说开引与独立研讨，使其发展为一所教学功能齐全的书院。由于松洲书院的育才兴学、传道修身开风气之先，也就成为中国最早以书院命名的学校之一，成为福建最早的书院之一，享有“八闽第一书院”之誉。经陈珦多年精心管理，漳州文教渐兴、民风转淳，社会风尚迅速改善。随着学校的创办，能文善诗、知书达礼的人愈来愈多，诗赋唱和开启了风雅新声，使漳州迎来文风鼎盛的新时代。陈珦也就成为漳州发展官办教育的重要推手。

伯梁乱政

开元二十二年（734年），漳州改隶广州都督府，辖下岭南经略使实领漳浦县。次年二月二十七日，卢如金旧疾复发，病逝于任上，享寿88岁，与夫人祝氏合葬于漳浦小营大臣山（今云霄辖境），树碑“唐卢将军暨夫人祝氏墓道”，并崇祀于惠济庙。宋绍兴二年（1132年），追封竭忠辅国将军。卢如金逝世后，殳伯梁接任漳州刺史。可他当政后贪婪残暴，肆意盘剥和鱼肉百姓，搞得漳州盗贼迭起，社会动荡，民怨沸腾，民不聊生。

开元二十五年（737年），陈珦虽然年仅36岁，但由于日夜操劳文学游学诸事，自觉体力欠佳。他独钟文教，乐于聚徒授业，潜心培养人才，不遗余力地发展漳州文化教育和推广农业技术。殳伯梁因他是陈元光之子，初期礼让有加。看他以平和气度履职“文学”、终情教业，也就不以为意，但后来常听有人在陈珦面前揭其施政之短，逐渐心存芥蒂，对他恶语相待。如此一来，疾病缠身的陈珦终日郁郁寡欢，遂以病请辞，归返故乡光州（今河南潢川）调养。

为加强对梁山以南的有效管辖，开元二十八年（740年），诏准析置怀恩县于云霄西林土城，再改隶福州都督府管辖，漳州实领漳浦、怀恩两县。翌年，因泉州所辖5个县人口剧增，与其毗连的漳州人口稀少，朝廷划泉州龙溪县归漳州；怀恩县则因户口逃亡而废置，十一月二十二日并入漳浦县，漳州又实领漳浦、龙溪两县。但民众无法忍受殳伯梁的暴政，加上陈珦病退返回光州，便开始怀念陈氏一家对漳州的厚德恩泽。天宝元年（742年），陈珦延医诊治无果，于十一月初一病逝，初葬于潢川故土，终年41岁，谥文英。漳州民众于安仁乡修竹里官茅山营建衣冠冢，并在漳浦城南郊外琼野建庙，后又于漳州虎文山之侧建忠义孝悌祠以祀。贞元七年（791年），改葬陈珦于九龙岭东北山麓始安乡会同里枫林堡，现称木棉庵南山蕉仔坑近思阡。宋绍兴二十年（1151年），诏封陈珦为昭贶通威文英公，夫人欧氏封赞美佑庆夫人。

漳州士绅不满殳伯梁乱政，遂上书向福州观察使请命，力荐朝廷任命陈元光之孙、陈珦之子陈酆回来视领州事，以期恢拓先

业，克铭前修，拯救民生，慰边土来苏之望。陈酆（721—779）字有芑，号文甲，又号强斋。他德性恭温，熟悉经史，练达文章。天宝六年（747年）举秀才，授辰州宁远令，是漳州民众期待中的理想州主。在耆老朱兴家、余拱辰等人发起下，数百人合撰信访书函，强烈要求朝廷调走殳伯梁，并乞遵旧制让陈酆主领州事，以恢复陈氏家族在漳州的治理，言辞间透露着激动和恳切之情。表章写毕，委托专人报请福建观察使阅处。同时上京通过匦使院呈上信访件，将民情上达朝廷阅处。

陈酆守漳

唐玄宗在统治后期，已渐渐厌倦朝政，退化为歌舞升平中贪图逸乐的皇帝。李林甫拜相后蔽塞言路，排斥贤才，导致纲纪紊乱；权臣杨国忠继起，获玄宗盲目信任，群臣望风而靡，结舌杜口；高力士特蒙恩宠，四方进奏文表必须经他进呈御览，宦官干政局面形成。天宝年间，边将坐大，边境不宁，内乱频发，政治危机潜流暗涌，朝廷江河日下。在此背景下，辰州宁远令陈酆无意仕途，上表请求辞官获允。

陈酆辞职后，如愿返回祖籍地光州旧第归隐。他望着浮光岳望，徜徉于一头连着弋山、另一头连着黄国故城集镇的龙湖之畔，感喟祖父尊号“龙湖”的故乡心结。他看到故里川原壮丽、民众善良淳朴，心中甚是欣喜，不禁想起祖父陈元光《故国山川写景》：

浮光昂岳望，固始秀民乡。

第宅参文武，姻连半帝王。

珠楼帘结绮，花苑水流香。
礼节传家范，簪缨奕世芳。
飞鞭驰道坦，聚盖艳阳光。
箫鼓迎懽会，桐麻遣唁丧。
勋臣扶景运，风树配天长。

他开始大兴土木，重修家园，发动邻里在旧居周边沿街两侧，开辟类似江南带角楼的两层木楼房，呈现前店后居、下店上居的城镇格局，周边布局纵向二三进宅院，将闽南特色小镇风格移植到光州潢川南城，即今弋阳古镇，使豫南建筑区别于以马头墙、小青瓦为特征，粉墙黛瓦的徽派。回想祖父陈元光平抚闽南啸乱、安定东南边陲、开发创建漳州的历史功勋，陈酆又觉得应在昔日府兵屯驻和出征地建一座祠第永世纪念，遂报准于固始陈集安阳山西北泉河东岸兴建将军祠。原祠毁于元兵战火，现址为明末易地重建的四合大院，面朝浮光山峰，门前一泓碧水。山门

固始陈氏将军祠

额浮雕“陈氏将军祠”，两侧立圆雕石狮和抱鼓石，现为全国重点文物保护单位。

漳州耆老呈上的函件，得到朝廷的重视。鉴于陈氏一族开漳立州的功业，以及民愿之诚，朝廷允准本在辰州宁远任上致仕家居的陈酆，破格提擢为朝散大夫、中郎将和漳州刺史。解除殳伯梁职务，同时降任其助理、宣威将军许平国为海寨巡检使驻防南诏。

天宝十年（751年），陈酆莅漳州履职。士民们夹道欢迎，奔走相告：“州主将军孙来矣！”欣喜之情溢于言表。陈酆秉承陈元光遗志，勤政爱民，经常深入民间调查社情民意，走向田间考察生产情况，前往集市了解商业动态，并在建学延师、锄强拯灾、劝农传艺和保境安民等方面政绩卓著。他心里装着圣命和百姓，事必躬亲，运筹帷幄，做到农商并重以兴社稷，兴教治学以安民心，依法治州，造福于民，使漳州经济、社会秩序立见改观。

陈酆主政29年，尽管中原遭受安史之乱的社会动荡，但远离战火的漳州呈现社会和谐平安、经济文化发展的祥和景象。据《旧唐书》载，到天宝年间，漳州已有5346户、17949人，农工商诸业有显著发展，生产生活水平相应提高。陈酆在任上广施德政，并以“一如祖父之政”深得人民拥护，享有“清廉刺史”美誉。清《漳浦县志》载：陈酆“偶疾作，兵民吁天愿代”，说明他深得民心。大历十四年（779年）六月初五，陈酆卒于任，享年59岁，葬于漳州游仙乡瑞泉里鸡笼山，即今浦南镇福林村。宋绍兴二十年（1151年），诏封为昭素侯、袭美惠正武英侯，谥忠宪；夫人郑氏封协应静恭夫人。云霄古楼威惠庙有他与其先祖同享庙祀。陈酆的长子陈詠后来职守龙岩，后任朝议大夫、光州司马、恩州参军；次子陈谟则继任漳州刺史；季子陈訏为四门博士。

陈谟迁州

天宝元年（742年），漳州改称漳浦郡，乾元元年（758年）复称漳州。大历十二年（777年），再划汀州龙岩县（新罗）归属漳州，实领漳浦、龙溪、龙岩3个县。陈酆去世后，其次子陈谟于建中二年（781年）袭父职代领州事。陈谟（760—820）字以忠，号毅夫，又号月溪。他性情率直、脾气急躁，主政初期处事主观武断，武将作风较重。由于体恤民情不周、上下关系不融，引起舆论普遍不满。州民曾拱壁、赖习英等百余人拜诣福建观察使卢巷，要求更换州主。

建中三年（782年），朝廷派刑部员外郎柳少安任漳州刺史，改任陈谟为中郎将、检校、漳州别驾（即长史）。柳少安是一位饱学之士，他认为陈谟虽“不协舆”，却也年轻有为，遂有心栽培帮助，启迪陈漠熟稔政事民情，关心民间疾苦。陈谟被降职为佐官后心生愧疚，觉得有辱家族声誉，决心改正作风，多听耆老意见。他视柳少安为父辈，事事请教，很快就成长起来。柳少安精通天文地理，他在陈谟陪同下，勘察了九龙江流域龙溪县的自然地理形势，以及气候、物产、民情等情况。认为此地山川清秀，原野平坦，气候宜人，四季如春，可以开辟万顷良田供民众生息繁衍，是远比李澳川更为理想的治所。

一天，柳少安攀上永宁乡北登高山（芝山）俯瞰桂林村，远眺芗江东逝入海，若有所思地告诉陈谟：“此地一水清流，列峰秀出，大江南旋而东流，诸岭北环而回顾，应是本州治属地也。势必奏请朝廷恩准，将漳州治所迁到龙溪县来！”龙溪县地处九龙江下游平原，建制于梁大同六年（540年），水源充沛，土地肥沃，物产丰饶，文教昌行，具有良好的经济和文化基础，可以以此带动诸县。但当时龙溪县城位于今龙海市颜厝镇古县村，周边丘陵起伏不平，地势仍不开阔，难以拓展城池，所以应将治所迁往桂林村。陈谟受到启发，也赞同迁徙州治。兴元元年（784年），柳少安上疏朝廷，建议将漳州治所向北迁至桂林村。但朝廷认为再迁州治劳民伤财，不予批准。贞元元年（785年），柳少安调任吏部郎中司勋部事，临行时仍牵挂迁治龙溪之事，再三叮嘱陈谟要继续上疏。

漳州龙溪古城

同年，广东人蓝老鸥揭竿复起。他率众攻陷揭阳后，对潮州发起进攻。潮州方面无力应对，只好向朝廷请援。德宗李适听说南方边界烽火重燃，顿时手忙脚乱，廷议派漳州别驾陈谟前往援助。陈谟率3000名将士攻讨潮州并获全胜，斩获蓝老鸥首级解往京师。陈谟平寇有功，提任中郎将兼漳州刺史。陈谟再主州政后，不忘柳少安迁治龙溪之嘱，一再陈情福建观察使卢惎。

经卢惎呈表，加上柳少安游说京城，历漳州建制百年后的贞元二年（786年），朝廷允准州治北迁龙溪县，并同意设治所于西溪、北溪汇合处登高山桂林村。这是漳州第二次迁治，也是建州后首次扩大辖地，从此也就稳定下来。漳州衙署设于今芗城中山公园仰文楼，龙溪县治也迁至西侧芗城县前街。同时，为避免祭拜首任州主车马劳顿，敕准改葬陈元光于九龙里松洲堡高坡山，即浦南镇石鼓山下。陈谟奉敕迁祖墓之际，又在松洲书院

陈元光墓

前兴建将军庙，祀曾祖陈元光及其部将，并规定文武官员春秋致祭，形成前庙后校、规制宏伟的官庙格局。漳州迁治实现原刺史柳少安生前夙愿，州民在老街文川里建柳府王爷庙供奉，明《漳州府志》为柳少安立传。

陈谟坚守纲常，仁政爱民，重视农桑，实行教化，兢兢业业地处理州治民生，使漳州经济和文教得到发展。元和十五年（820年）正月初五，陈谟卒于任，享寿61岁，敕葬于松洲堡水犀山。陈谟自建中二年（781年）接父职任刺史，其间除短暂降职外，尽责履职38年，造福一方百姓，也让祖先建漳大业得到传承发展。宋绍兴二十年（1151年），荫封为昭义翊忠侯；夫人翟氏荫封嗣徽嘉应夫人，育陈则、陈刚、陈形三子。

从陈元光于云山安仁乡建置漳州，卢如金、陈珦徙州治至李澳川，再到陈谟迁治龙溪县，地区开发趋于稳定和繁荣。而陈酆长子陈詠后来回河南任光州司马，饱含了反哺故土的深意。陈詠去世后，其子陈章甫扶柩返漳安葬。漳州与光州虽然相距遥远，但陈氏家族已经全身心地扎根于漳州，这从陈酆居家光州，建设潢川南城时移植漳州原乡风物之举中得到了充分体现。陈章甫兄弟五人，其弟山甫官至都督，吉甫镇龙岩，嘉甫明经及第，季甫任漳州司仓、司马，都定居于漳州。凡此种种，无不生动地诠释好男儿“志在四方、放眼天下”和“惟忠不泥、惟节可鼎”的博大家国情怀。

后世影响

岁月悠悠，史河漫漫。自总章二年（669年）至元和十四年（819年），陈元光和祖母魏敬、父亲陈政，以及事业、政策和精神继任者儿子陈珦、孙陈酆、曾孙陈谟，延续了陈氏家族6代人开漳、建漳、兴漳和守漳长达150余载的历史，扩大了陈元光在漳州开发史上的影响力。以陈元光为代表、陈氏家族为主体的87姓中原府兵，为发展漳州立下不世之功，都是开漳史上不可或缺的重要力量。

陈元光家族的平乱军事行动，是民族大迁徙、大融合的重大事件，既实现大唐王朝巩固东南边陲、沿途开发建设福建的初衷，又将“流求”（台湾）和粤东部分纳入管辖，成效远超预期，是唐朝部署开发福建的一个典型缩影。陈家军入闽虽然是平乱开漳，但活动范围还包括福建北西南、广东潮循惠等广阔区域。随戍闽地的光州将士落籍漳土不归，终于实现从军事屯垦到行政定居的转型。其后裔留居闽南、粤东等地，有的远播赣南、浙南，有的渡海开台、垦殖南洋，成为多姓肇基祖和闽南文化缔造者，也成为台海与中国南方沿海及东南亚地区主要住民的祖先。

云霄威惠庙

陈元光自未弱冠之年随父南下，戍守闽南长达42年，为绥靖开疆、安边定国以身殉职，使漳州跃居八闽富庶名邦之列。他所缔造的开疆拓土、巩固基业的开漳文化精神，创下了中国军事史和福建开发史的奇迹。陈家部曲“开千百世衣冠文物”，为传播和光大华夏河洛文化提供了物质条件，也对漳州移垦者将闽南汉文明传播到台湾岛和东南亚发挥了不可估量的作用，堪称中国移民史和中原文化播迁史上的一次壮举。历代王朝感念陈元光开发闽南、建置漳州之功，前后褒封22次，仅两宋就有15次，使他在历史演进中完成由人到神的文化嬗变，被敬奉为安邦护土的州主之神而登上神坛，享受春秋庙祭，成就“开漳圣王”千秋祠庙的兴盛与传承。

开漳圣王信俗集海峡两岸血缘、法缘于一身，体现了民

云霄威惠庙开漳圣王雕像

云霄博物馆藏漳瓷陈元光雕像

间信仰的文化凝聚力、感召力和影响力。这一信仰随漳州移垦者移植台湾和东南亚，进驻移民社会民间基层聚落，在台湾地区更是遍及全岛。两岸宫庙不断组团会香共祭，或台湾信众返回大陆参加祭典，是两岸团结互动的民族合力使然，不仅加深两岸民间宫庙联谊交往，也拓展了经贸文化往来，有利于在海峡两岸关系和平发展进程中不断增进福祉。时光隽永、思念绵长，全球漳籍民众共仰开漳圣王，同祭原乡神灵，有利于正视和认同自己文化的根。这对于增进中华民族的团结与发展，具有重要历史和现实作用。

漳台圣宗匾额

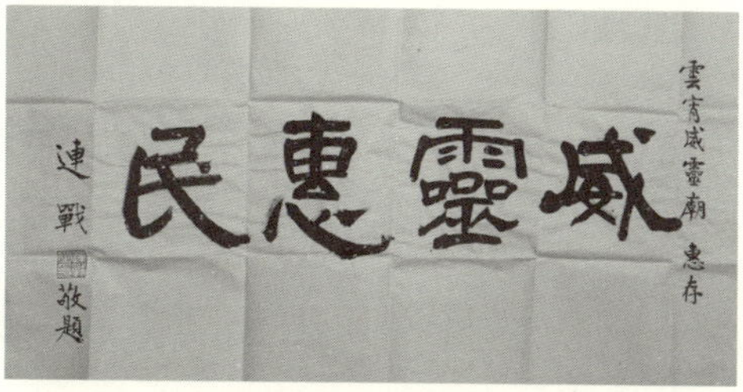

连战题赠云霄威惠庙“威灵惠民”

开漳圣王巡安民俗

总之，传播和弘扬博大精深的中华民族优秀传统文化，是服务两岸和平发展的必由之路。两岸的文化根脉始终存续于海峡之间，巍然如山。而海峡两岸开漳圣王信仰和开漳文化精神，必将在推进两岸和融互动中继续发挥祖根民族文化纽带作用。

结　　语

伟哉圣王，建功兴唐。

威惠千载，不世之勋。

功弘唐史，德耀纲常。

漳台苗裔，传香殿堂。

大唐儒将陈元光及其家族、将士从中原南来，在闽粤之交靖边立郡，奠定漳州文明之基。陈元光捐躯后，民思其德，庙祀馨香，尊号“开漳圣王”。此后数百年，渡台漳籍移民为求平安横跨海峡，度过灾难并顺利拓垦，随身携带其神像或香火迁徙宝岛，缔结了根蔓情深的海峡法缘，陈元光被奉为“漳台圣宗”。开漳圣王信仰渗入台湾移民社会基层，对当地社会意识形态产生深远影响。正是这一信仰的祖根文化特质，呈现了团结凝聚的民族力量，也关乎岛内族群文化政治与民间世俗心态，主导信仰群众的价值取向和行为意识，故寻根问祖与数典忘祖泾渭分明。跨海建构开漳圣王文化概念，能诠释两岸同体、命运相连、荣辱与共，寓意深长，是一座沟通心灵海峡的文化桥梁。

威名起盛唐，惠民留圣迹。陈元光作为开漳文化主人公，他根植中原，花香五洲，情系海宇，河洛文化开枝散叶，家山萦魂文化架桥；他德耀纲常，威镇四海，威惠传香，闽台风俗同根共源；海峡连心神缘相承。古往今来，漳州祭祀陈元光的宫庙随处可见，民间广传神明灵异佑福亦习以为常。而台湾地区公设圣王庙宇数以百计，私人奉祀难以确数。加之祭祀文化传承有序和世俗民风异彩纷呈，台湾多元的宗教生态传递着开漳圣王文化根深叶茂、瓜瓞绵延的原乡情结，以及源远流长的民族情感。深度挖掘和培育开漳文化大品牌，拓展开漳文化国际交流，建构全球华人信仰圈，让开漳文化交流在海峡两岸、东南亚各国，以及世界各地产生更大的普惠和影响，是一种彰显文化自信的文化定力和可持续发展的战略目标，推进中国开漳海丝路开发意义深远。陈元光是一位活生生的历史人物，其生平事迹早已广为颂扬。本书通过描写陈元光家族率中原将士南来的历程，用史实全方位地展示盛唐时期闽南开发、漳州建置的峥嵘岁月，反映陈元光安边定国的政治谋略、爱国惠民的精神品格和开漳建漳的文化智慧，以期让读者了解开漳历史、缅怀圣王伟业，继承和发扬守土开疆、艰苦创业的陈元光开漳文化精神，共同为实现中华一统和民族复兴作贡献。

汤毓贤

2017年8月29日于云霄将军山麓

延伸阅读

1. 漳州市政协办公室、市民宗局、市政协台港澳侨委，《海峡两岸及东南亚国家开漳圣王宫庙集》，2010年.

2. 云霄县陈元光开漳历史研究会，《开漳圣王陈元光与云霄》，1997年.

3. 云霄县开漳历史文化研究会，《开漳圣王文化节论文汇编》，2007年.

4. 云霄县开漳文化研究会，《方南生笺注〈龙湖集〉》，2001年.

5. 云霄县开漳历史文化研究会、共青团漳州师范学院委员会，《开漳史参考资料》，2006年.

6. 陈元光与开漳圣王文化编委会，《陈元光与开漳圣王文化》，海峡文艺出版社，2009年.

7. 刘小龙，《开漳圣王文化》，海风出版社，2005年.

8. 何池，《〈龙湖集〉评注与陈元光研究》，鹭江出版社，2016年.

9. 汤毓贤，《两岸共仰漳台圣宗》，福建教育出版社，2012年.

10. 泉州学研究所，《〈平闽十八洞〉及其研究》，九州出版社，2011年.

11. 董芳苑，《探访台湾民间信仰》，台湾常民文化事业股份有限公司，1996年.

12. 漳州市社科联、市闽南文化研究会、漳州师院闽台所、台湾台南文化协会，《第三届国际开漳圣王文化联谊大会开漳王文化国际学术研讨会论文汇编》，2010年.

13. 燕翼宫文物保护协会，《燕翼宫开漳文化丛书》，2019年.

后　记

福建，山海相拥，人杰地灵，人文荟萃，英才辈出，产生了许多伟大的思想家、文学家、教育家、科学家和民族英雄、爱国先驱、革命将士、时代楷模。他们的教育成长、道德品行和思想文章，是福建的宝贵精神财富，教育和激励着一代代福建人努力学习、奋勇前行。福建省社会科学界联合会组织编写的“福建历史文化名人丛书”，以福建历史名人为题材，古今结合，意在从高处着眼、从基础着手，普及人文社会科学知识，促进人文道德养成，使社会科学知识走进大众、走进生活、走进现实，让更多的人了解福建历史名人，弘扬优秀传统文化，增强福建文化影响力和感染力，为建设文化强省添砖加瓦。

“福建历史文化名人丛书”（第四辑）所包含的陈元光、林慎思、吴夲、胡安国、李纲、真德秀、黄乃裳、陈季同、萨镇冰、林森10个人物故事，记录了福建文化之于中国历史的影响，同时也以人物史的叙述方式生动地展现出中国人文精神的风骨和传统文化的传承。人物篇以人物生平为线索，在故事中体现传主的学问、事功、道德，凸显他们在中华文明进程中的重要作用，深入挖掘和阐发其内在精神，从而激起读者爱国爱乡的强烈情感，使之成为涵养社会主义核心价值观的重要源泉。

这套丛书以广大群众为读者对象，尤其是各年龄段的学生群体以及受过中等教育的读者，他们对这些历史名人的认知，大多来源于历史课本、乡土教材、文化景点和博物馆，很难形成具

体、深入、系统的认识。丛书深入浅出，雅俗共赏，通过一个个生动精彩的故事带领读者走进福建历史，走入人文社会科学的知识殿堂，融故事性、知识性、趣味性、可读性于一体，对提升大众的阅读水平、普及社会科学知识、提高人文社会科学文化素养和思想道德素质有着积极的作用。

专家刘小新老师对丛书写作大纲和书稿进行了认真审读，并提出了许多很好的意见和建议，在此表示感谢！

若有不足之处，敬请广大读者批评指正。

编委会

2019年8月